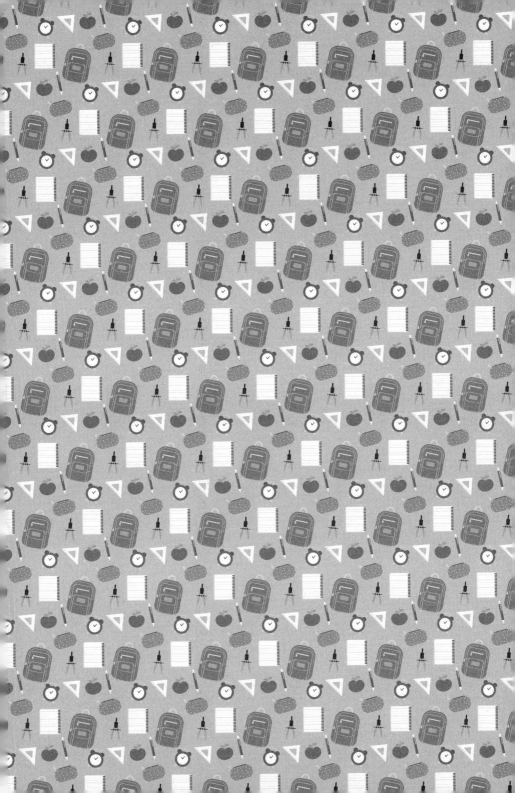

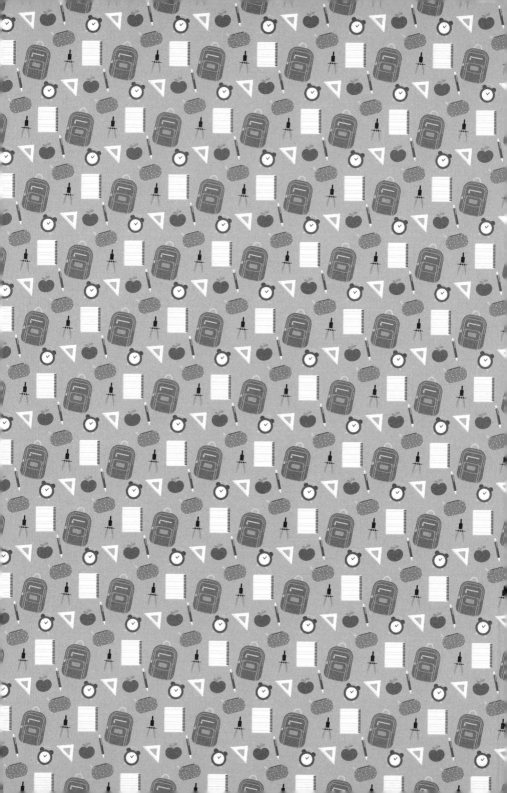

공감교실 어떻게 가꿀까?

공감교실 어떻게 가꿀까?

초판발행일 2020년 4월 25일
2쇄 발행일 2022년 7월 25일

지은이 추주연, 홍석연, 성영미, 김창오
펴낸이 배수현
디자인 박수정
제 작 송재호
홍 보 배예영
물 류 이슬기

펴낸곳 가나북스 www.gnbooks.co.kr
출판등록 제393-2009-000012호
전 화 031) 959-8833
팩 스 031) 959-8834

ISBN 979-11-6446-054-0(03190)

공감교실
어떻게 가꿀까?

지은이

추주연

홍석연

성영미

김창오

여는 글

이 책은 학급을 따뜻한 성장의 공동체, 공감교실로 가꾸려는 교사를 위한 것이다.

책에 대한 소개에 앞서 공감교실이 아직은 낯선 분들을 위해 '공감교실'을 먼저 소개하고자 한다.

학기 초 교실, 낯설고 멀게만 느껴지던 관계가 점차 서로의 공감과 인정으로 이어진 따뜻한 관계로!
서로 경쟁하며 각자 배우던 관계를 넘어 서로의 배움과 성장을 북돋는 협력의 관계로!

이렇게 성장한 관계로 연결된 공동체가 공감교실이다. 공감교실은 '관계의 모두를 다 살린다'는 철학과 원리, 방법으로 가꾸기 때문에 '다살림 공동체'라고도 부른다.

우리는 지난 10년간 학급을 공감교실로 가꾸기 위해 연구하고 실천해왔다. 그 결과, 초등과 중등은 물론 특수 학급까지 공감교실의 영역은 넓어졌다.

공감교실을 시작할 무렵 가졌던 우리의 희망과 기대는 많은 부분 현실이 되었다. 많은 교사들이 공감교실을 시도했고, 실천 사례가 쌓였다. 그만큼 공감교실에 대한 믿음 또한 강해졌다. 가장 확고해진 세 가지는

첫째, 어떤 학급도 공감교실로 발달시킬 수 있다. 학급 상황과 구성원에 따라 촉진 내용과 방식을 달리해야 하겠지만. 이 때 '교사의 마음리더십'은 공감교실을 발달시키는 효과적인 이론적·방법적 촉진 도구이다.

둘째, 공감교실은 세 가지 방식으로 촉진할 수 있다. (1) 학급에서 이뤄지는 교사 개인의 관계 상호작용, (2) 공감교실 촉진 활동, (3) 학급 시스템 구축(학급의 의사결정, 문제해결 등의 구조와 절차)을 통해서이다. 이 방식들은 학급의 모든 관계에서 '다살림 상호작용'이 마치 규범처럼 이뤄지도록 기여한다.

셋째, 공감교실의 촉진자는 공감교실의 발달이론과 촉진기술이 필요하지만, 더 중요한 것은 '한 사람이 되는 것'이다. 한 사람이란 '교사-학생의 역할 관계를 넘어 존재로서 나와 너로 만나고 협력하며 서로의 성장을 북돋는 관계를 가꾸는 사람'이다. 또한 '자신을

마주보는 용기를 내고 사랑하며, 진정한 자신을 만나고 스스로를
실현해가는 사람'이다.

  하지만 이런 믿음만큼 해결해야 할 점들도 많아졌다.

  가장 큰 고민 중 하나는 '한 사람'이 되는 일이 생각보다 간단치
가 않고 장기적인 변화와 성장의 과정이 필요한 일이라는 점이다.
그래서 모든 것이 빠르게 변화하는 시대에, 성과와 기능 개발 중심
의 교사 훈련 모델들에 비해 접근하기 어려운 면이 있다.

  그래서 공감교실을 촉진하는 세 가지 방식 즉, (1) 교사의 개인적
관계상호작용, (2) 공감교실 촉진 활동, (3) 구조와 절차를 포함하
는 조직화된 시스템을 보다 체계적으로 조직해서 공감교실의 촉진
방식으로 제시할 필요성을 느끼게 되었다. 이들 세 가지가 교사의
점진적인 성장에 더해지면 서로 시너지 효과를 거둘 것이다.

  하지만, 중심은 여전히 이들 방식을 사용하는 공감교실 촉진자의
인간적 성장이다. 기술과 활동, 그리고 시스템은 이를 대신할 수 없
으며, 이들에 치우칠수록 관계는 만남에서 형식으로 변질됨을 경험
해 왔기 때문이다.

  이런 필요에 따라 우선 바로 사용할 수 있는 공감교실 촉진활동
을 담아 발간하기로 하였다. 공감교실을 처음 시도하거나 보다 쉽
고 안전하게 시도하려는 분들을 위해 구조화된 활동을 길라잡이로
제공하는 게 좋을 것 같았다. 이를 위해 그동안 '교사의 마음리더

십'을 사용하여 공감교실을 가꾸려고 수년간 학급에서 사용했던 활동 가운데 필수적이고 효과적인 것을 묶어 보았다.

공감교실 촉진 활동은 적용 대상에 따라 나누어 제시하였다. 초등과 중등과 특수 교과의 3개 영역이다. 각 영역 속에 포함된 활동들은 대상 특수성이 있지만, 동시에 영역에 관계없이 공감교실을 촉진하는 보편성이 있어 다른 영역에서도 다양하게 응용할 수 있다. 영역에 제한 없이 두루 읽고 많은 활용과 응용을 기대한다.

활동을 제시할 때, 가급적 학급의 1년 살이 흐름에 따르려 하였다. 순서대로 꾸준히 사용한다면 학급을 공감교실로 발달시키는 데 큰 도움이 될 것이다.

만약 꾸준히 할 형편이 안 될 경우라면 필요한 한두 가지 활동을 골라 단회로 사용하길 권한다. 현장의 여러 선생님들께 확인된 만큼 효과 만점일 것이다.

이 책은 주로 담임교사를 위한 것이지만, 수업하는 교과교사 역시 활용할 수 있다. 그 이유는 우선 공감교실의 촉진활동은 기본적으로 협력적 배움을 촉진하는 관계를 북돋기 때문이다. 그리고 수업 내용과 방법에 직접 사용할 수 있다. 관련한 공감교실 교과 수업 사례는 중등 영역에 담았다. 교실의 관계가 배움을 촉진한다고 여기는 교과 교사들에게 도움이 되었으면 좋겠다. 그리고 공감교실의 수업에 대해서도 자세히 소개할 기회가 곧 있기를 바란다.

끝으로 이 책의 공감교실 촉진활동은 저자들이 구상하고 만들어 교실에서 직접 실천해 온 것이다. 하지만 동시에 저자들만의 것이 아니기도 하다. 활동 하나하나가 만들어지는 과정에서 집단지성과 공동실천의 경험이 녹아있기 때문이다. 그래서 이 책은 지난 10년 함께 마음리더십과 공감교실을 개척해 온 한국교사힐링센터, 한국 마음리더십연구소, 전국 공감교실네트워크 선생님들이 도전하고 헌신해서 만든 것이다. 오랜 시간 한결같이 곁에 있는 나의 소중한 사람들이 진심으로 고맙다. 함께 만든 이 열매를 같이 누리고 싶다. 지금 많이 기쁘다.

저자 대표 김 창 오

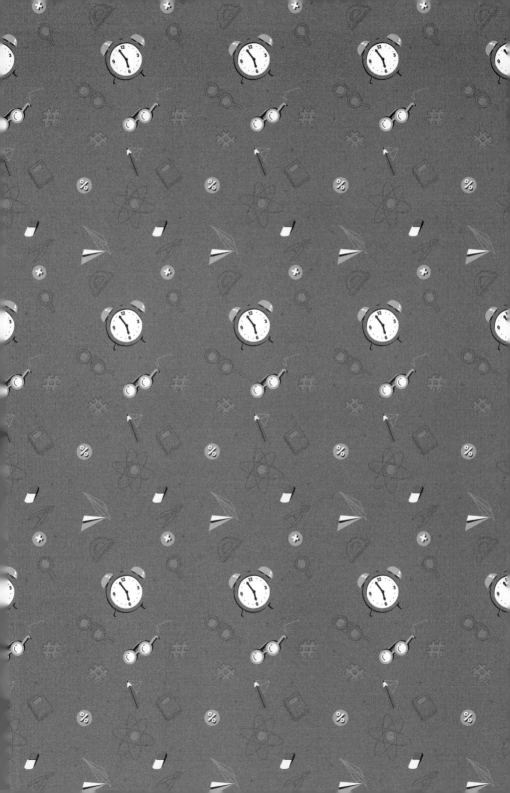

차례

PART 02
공감교실 중등

차례

PART 03
공감교실
특수

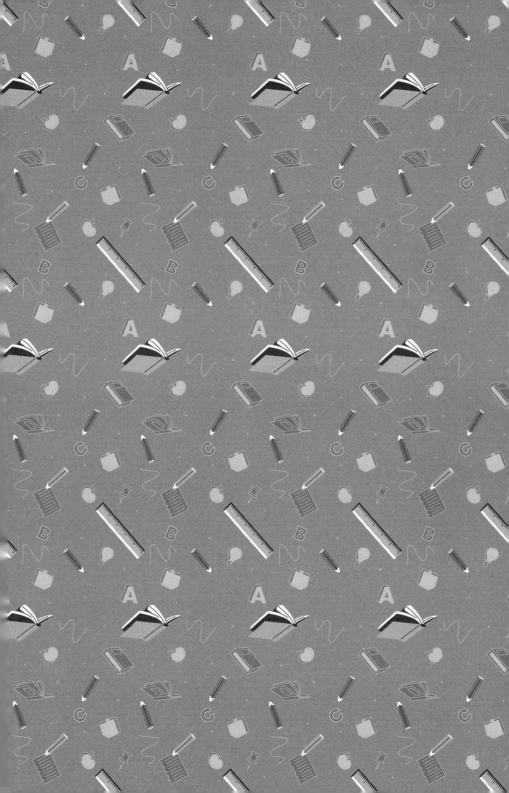

말이 바뀌면 관계가 바뀐다

소개하는 활동은
공감교실을 시작하는 선생님들이
쉽게 접근할 수 있도록
1년 살이 흐름으로 제시하였다.

말이 바뀌면 관계가 바뀐다.
이 활동들을 통해 만남, 배움, 성장이 있는
따뜻한 공감교실을 만들어가길 바란다.

PART
01

공감교실
초등

마음리더십 자기소개

프롤로그

새 학년 첫 시간에 주로 자기소개 활동을 한다. 예전엔 주로 학생들에게 특기와 취미, 가족관계, 장래희망 등을 이야기하게 했는데 이 시간을 즐기는 학생들도 있지만 어색하고 긴장된 상태로 힘들게 견디고 있는 학생들이 있었다. 게다가 장래희망이 없는 학생들은 첫날부터 더 위축되고 불편한 상태로 하루를 보내기도 했다. 이 활동을 통해 새 학년 첫 날, 학생들이 서로의 감정을 들으며 편안하고 안정감을 느끼게 되길 바란다.

목적

❶ 자신의 현재 상태를 알아차리고, 있는 그대로의 감정을 개방할 수 있다.
❷ 친구들의 기분을 공감하고 이해할 수 있다.
❸ 같은 상황에서 서로 다른 기분을 느낄 수 있음을 알 수 있다.
❹ 서로의 기분을 말하고 들으면서 친밀감을 형성할 수 있다.

준비

- **준비물**　　　　활동지(마음리더십 자기소개)
- **시　간**　　　　20분
- **인원 및 형태**　전체 활동, 개인 활동

흐름

❶ **활동의 목적을 안내한다.**

"지금-여기에서 느끼는 감정을 찾아 자신을 소개하고, 친구의 감정과 생각을 들으면서 서로에 대해 알아가는 시간이 되길 바랍니다."

❷ **활동지에 적혀있는 감정 단어 중 지금-여기에서 느끼는 기분을 찾아 ○표를 하고, 자기소개 내용을 작성한다.**

안녕하세요. 저는 김윤입니다.

저는 지금 긴장되고 다행스러워요.

긴장되는 이유는 교실도 달라졌고 모르는 친구들이 많기 때문이고요,

다행스러운 이유는 서윤이가 같은 반이기 때문이에요.

❸ **작성한 자기소개서의 내용을 돌아가며 발표한다. 발표를 듣고 난 뒤엔 "꼭 그렇게 되길 바라."라고 말한다. 이때 교사는 먼저 발표하려는 학생을 칭찬한다.**

"먼저 발표하고 싶은 학생이 있나요?"

"윤이는 적극적이고 용감하구나."

❹ **활동 과정에서의 소감을 발표한다.**

"활동을 하면서, 그리고 하고 나서 어떤가요?"

"자신의 기분을 이야기하거나 친구들의 이야기를 듣고 나서 어떤가요?"

"친구들이 「꼭 그렇게 되길 바라」라고 해주었을 때는 어땠나요?"

TIP

❶ 마음리더십에서는 교사를 포함한 '다살림 공감교실[1]'을 추구한
다. 그러므로 교사도 학생과 함께 자기소개 활동에 참여한다.

❷ 교사는 학생들의 기분을 수용하는 태도를 보인다.

❸ 기분 말하기는 한 번으로 끝내지 말고, 수시로 하는 것이 좋다.

❹ 종례시간에 '자기소개' 했을 때와 비교하며 기분 말하기를 하면
오전과 오후에 기분이 변한다는 것, 바람이 이루어진다는 것을
알게 하는 데 도움이 된다. 이때 교사는 다음과 같이 질문하고
학생의 발표에 대해 수용[2]과 피드백[3]을 한다.

[질문]　　"지금 기분은 어떤가요? 아침에 느꼈던 기분, 집에 갈 때
느끼고 싶었던 기분을 떠올려보고 지금 기분과 비교하면서
말해주세요"

1　다살림 공감교실은 서로 이해하고 인정하는 과정에서 교사를 포함한 구성원 모두를 살리는,
만남 배움 성장의 공동체이다.

2　수용은 상대를 품는 태도이다. 대화를 통해 수용하는 기법으로 '마음 알아주기'를 사용한다.
주로 사실을 알아줄 때는 "너의 말은 ~라는 말이지", 기분을 알아줄 때는 "그랬다면 ~했겠
다."라는 방식을 사용한다.

3　피드백은 상대에 대한 내 마음을 표현하거나 상대에게 영향을 주기 위해 하는 말의 기법이다.
"나는 너에 대해 ~한 기분이야"라고 간단히 표현하거나 내 마음을 효과적으로 전달하기 위해
"나는 (인식한 사실)를 보고/듣고 (기분)이 들었어. 왜냐하면 ~라고 생각했기 때문이야. 내가 원
하는 나의 본심은 ~야. 그래서 네가 ~하면 좋겠어(요청). 듣고 나서 어때(확인)?"라고 표현한다.

[수용]   "집에 갈 때 편안하고 싶었는데, 지금 편안하군요. 그랬다면 신기하고 기쁘겠어요."

[피드백]   그 말을 듣고 선생님은 주연이가 기특해요.

마음리더십 자기소개

안녕하세요. 저는 ....입니다.

저는 지금 ....해요.

왜냐하면 ....하기 때문이에요.

오늘 집에 갈 때는 ....하면 좋겠습니다.

💬 **감정 단어**

가볍다. 감동적이다. 고맙다. 기대되다. 기쁘다. 긴장이 풀린다. 놀라다. 두근거리다. 만족스럽다. 반갑다. 부럽다. 뿌듯하다. 사랑스럽다. 서럽다. 설레다. 시원하다. 신나다. 안심되다. 편안하다. 행복하다. 힘나다. 걱정된다. 귀찮다. 긴장되다. 답답하다. 당황스럽다. 막막하다. 망설여지다. 무기력하다. 무섭다. 미안하다. 밉다. 부끄럽다. 부담스럽다. 분하다. 불안하다. 불편하다. 섭섭하다. 속상하다. 슬프다. 실망스럽다. 싫다. 심심하다. 쑥스럽다. 아쉽다. 안타깝다. 얄밉다. 어색하다. 피곤하다. 허전하다. 혼란스럽다. 화나다. 후회스럽다. 힘들다. (그 외)

학급 마음 나누기

프롤로그

아침 등교할 때 학생들의 모습은 다양하다. 가방도 내려놓지 않은 채 친구 자리에 가서 밝은 표정으로 재잘재잘 말을 거는 친구도 있고, 무표정한 얼굴로 조용히 자기 자리에 가서 앉아있는 친구도 있다. 누군가는 불편한 마음을 마음속에 담아둔 채 하루를 보내기도 한다. 이 활동을 통해 하루의 많은 시간을 보내는 교실에서 나와 학생들이 외롭지 않게, 함께 하고 있다는 생각이 들길 바란다.

목적

❶ 지금-여기 감정을 표현하고 가벼워질 수 있다.
❷ 서로 감정을 공유하고, 수용할 수 있다.
❸ 학급 구성원들의 친밀한 관계를 만들어갈 수 있다.

준비

▪ **준비물**　　　　감정 단어 목록

▪ **시 간**   20분
▪ **인원 및 형태**   전체 활동

흐름

❶ **활동의 목적을 안내한다.**

"지금-여기에서 느끼는 감정을 찾아 친구들과 이야기 나누면서 편안하고 가벼워지는 시간이 되길 바랍니다."

❷ **감정 단어 목록을 보고 지금 기분을 찾는다.**

❸ **전체 학생이 돌아가면서 발표한다.**

❹ **기분을 발표할 때마다 수용**(마음 알아주기)**, 질문**(구체적으로 알아가기)**, 피드백**(상대방에 대한 내 마음 표현하기)**, 연결**(관계 맺기) **중 하고 싶은 것을 하면서 관계를 맺는다. 처음 일주일 동안 교사가 다음과 같이 시범을 보인다.**

[수용]   윤아, 너는 지금 속상하구나.

[질문]   윤아, 왜 속상해?

[수용]   그랬다면 정말 속상하겠다.

[피드백] 윤아, 네가 걱정돼. 엄마랑 빨리 화해하길 바라.

[연결]   윤아, 수연이의 말을 듣고 어때?

❺ **불편한 감정이 큰 학생을 다 같이 수용한다.**

"다 같이 「속상하구나.」라고 말해주세요."

❻ 활동 과정에서의 소감을 발표한다.

"자신의 기분을 이야기하고 나서 또는 친구들의 이야기를 듣고 나서 어떤가요?"

TIP

❶ 어제 또는 1주일 전의 일에 대한 기분이 남아있다면 그것도 현재의 기분 상태이므로 그 기분을 말하게 한다.

❷ 활동 흐름 4번에서 학생들이 적극적으로 수용, 질문, 피드백, 연결을 하도록 3번 이상 참여하기 등의 미션을 주면 좋다.

❸ 교사도 참가자가 되어 함께 활동한다.

❹ 꾸준히 하는 것이 좋다.

💬 감정 단어

가볍다. 감동적이다. 고맙다. 기대되다. 기쁘다. 긴장이 풀린다. 놀라다. 두
근거리다. 만족스럽다. 반갑다. 부럽다. 뿌듯하다. 사랑스럽다. 서럽다. 설
레다. 시원하다. 신나다. 안심되다. 편안하다. 행복하다. 힘나다. 걱정된다.
귀찮다. 긴장되다. 답답하다. 당황스럽다. 막막하다. 망설여지다. 무기력하
다. 무섭다. 미안하다. 밉다. 부끄럽다. 부담스럽다. 분하다. 불안하다. 불편
하다. 섭섭하다. 속상하다. 슬프다. 실망스럽다. 싫다. 심심하다. 쑥스럽다.
아쉽다. 안타깝다. 얄밉다. 어색하다. 피곤하다. 허전하다. 혼란스럽다. 화
나다. 후회스럽다. 힘들다. (그 외)

아이엠그라운드 지금 기분 대기

프롤로그

마음리더십의 '마음 나누기'는 감정을 공유하고 수용하는 과정을 통해 학생들 간 친밀한 관계를 만드는 데 도움이 된다. 그런데 매번 같은 방법으로 진행하면 지루해하는 학생들이 있다. 그리고 저학년의 경우에는 정적인 활동을 10분 이상 지속하기 어렵다. 이 활동을 통해 학생들이 '마음 나누기'를 즐겁게 하게 되길 바란다.

목적

❶ 지금-여기 감정을 표현하고 가벼워질 수 있다.
❷ 서로 감정을 공유하고, 수용할 수 있다.
❸ 마음 나누기 활동을 즐겁게 할 수 있다.

준비

- **준비물**   감정 단어 목록(26쪽 참고)
- **시 간**   20분

■ **인원 및 형태**   전체 활동

흐름

❶ 활동의 목적을 안내한다.

"아침 마음 나누기를 리듬에 맞추어 즐겁게 해봅시다."

❷ 활동 방법을 안내한다.

"선생님을 따라 해보세요. 무릎 손-박수-왼손 엄지-오른손 엄지, 리듬에 맞추어 손동작을 하면서 아이-엠-그라-운드, 자기-기분-대-기라고 말해주세요. 잘했어요. 자, 이 리듬에 맞추어 지금 기분을 돌아가며 말해봅시다."

❸ 학생들이 리듬에 맞추어 돌아가면서 기분을 말한다.

❹ 궁금한 점을 질문하고 대답을 들은 뒤에는 수용을 한다.

[질문]   "동환아, 왜 화가 났어?"(대답 듣기)
[수용]   "그랬다면 정말 화가 났겠다."

❺ 활동 과정에서의 소감을 발표한다.

"자신의 기분을 이야기하거나 친구들의 이야기를 듣고 나서 어떤가요?"

TIP

❶ 어제 또는 1주일 전의 일에 대한 기분이 남아있다면 그것도 현재의 기분 상태이므로 그 기분을 말하게 한다.

공감교실 어떻게 가꿀까?

❷ 교사도 참가자가 되어 함께 활동한다.

❸ 꾸준히 하는 것이 좋다.

❹ '아침 마음 나누기'와 '아이엠그라운드 지금 기분 대기' 활동은 1주일 동안 활동을 한 뒤, 나중에는 아이들이 원하는 방법으로 진행한다.

다살림 학급 본심 만나기

프롤로그

새 학년, 학생들은 서로 다른 생각과 바람을 가지고 있을 것이다. 하지만 눈에 띄게 큰 목소리를 내는 학생들의 생각만 드러날 뿐 나머지 학생들의 생각과 바람은 잘 드러나지 않는다. 마음리더십은 모든 사람이 이해받고 인정받는 다살림 공감교실을 지향한다. 이 활동을 통해 구성원 전체의 생각을 듣고 서로 다름을 이해하며 모두의 본심을 존중하는 분위기를 마련하는 데 도움이 되길 바란다.

목적

❶ 학급 안에서 생활하며 스스로와 친구들에게 바라는 자신의 본심을 알 수 있다.

❷ 친구들의 생각이 나와 다를 수 있음을 이해할 수 있다.

❸ 학급 구성원 모두의 바람이 담긴 다살림 학급 본심을 정리할 수 있다.

❹ 모든 학급 구성원을 존중하는 분위기를 조성한다.

준비

- **준비물**   활동지(다살림 학급 본심 만나기)
- **시 간**   40분
- **인원 및 형태**   전체 활동, 개인 활동

흐름

❶ 활동의 목적을 안내한다.

"여러분은 모두 소중합니다. 선생님은 여러분 모두의 생각과 감정, 본심을 소중히 대하겠습니다. 여러분들도 서로를 소중히 대해주었으면 좋겠습니다. 그렇게 되기 위해 선생님과 우리 반 친구들은 어떤 감정과 생각, 본심을 가지고 있는지 듣고, 우리 반 친구들과 선생님이 원하는 본심을 정리해봅시다."

❷ 활동지의 감정 단어를 보고, 작년 학급을 떠올리면 드는 감정을 찾아 체크한다. 활동지 1번에 가장 크게 느껴지는 감정과 생각을 적는다.

저는 작년 4학년을 떠올리면 슬퍼요.

왜냐하면 친한 친구가 전학을 간 뒤부터는 친구가 없어서 중간놀이시간마다 혼자 책을 읽었기 때문이에요.

❸ 돌아가면서 감정과 생각을 발표한다.

❹ 활동지 2번에 다음과 같이 본심을 적는다. 이때 본심 찾기를 어려워하는 학생의 기분과 생각을 수용하며 무얼 바라는지 함께 찾는다.

제가 정말 바라는 저의 본심은 친구들과 사이좋게 지내는 거예요.

그렇게 된다면 행복하고 즐거울 것 같아요.

❺ 돌아가면서 본심을 발표한다. 이때 교사는 학생들이 발표하는 본심을 모두 기록하고 같은 내용을 말하는 학생들을 연결한다.

"우주랑 봄이랑 바라는 것이 같네."

❻ 모두의 본심이 담겨지도록 다살림 학급 본심을 정리한다.

"비슷한 것을 묶어서 학급 본심을 정리해봅시다. 어떤 것을 묶으면 좋을까요?"

사이좋게 지내고 즐겁고 행복하며 편안하고 싶다.(다살림 학급 본심 정리)

❼ 활동 과정에서의 소감을 발표한다.

"여러분의 본심과 친구들의 본심을 듣고 어땠나요?"

"다살림 학급 본심을 정리하고 나서 어떤 기분이 드나요?"

TIP

❶ 학급 본심에는 구성원 모두의 본심이 포함되어야 한다. 교사도 공감교실의 일원으로서 모든 활동을 함께 하고 다살림 학급 본심을 정할 때 교사의 본심도 들어가게 한다.

❷ 학급 본심은 1년 동안 게시한다. 분기별 또는 월별 다시 정하는 것도 좋다.

❸ 학기 중에 학급 본심이 이루어지고 있는지, 어떤 노력을 하는지, 잘하고 있는 친구는 누구인지 자주 살펴주는 것이 좋다.

❹ 활동 후 소감 나누기는 꼭 한다. 이때 교사는 학생들의 소감을 수용한다.

다살림 학급 본심 만나기

❶ 작년 학급을 떠올리면 .... 해요.

왜냐하면 .... 하기 때문이에요.

❷ 제가 정말 바라는, 저의 본심은

.... 하는 거예요.

그렇게 된다면 .... 일 것 같아요.

❸ 다살림 학급본심을 찾고 나서 저는 .... 해요.

감정 단어

가볍다. 감동적이다. 고맙다. 기대되다. 기쁘다. 긴장이 풀린다. 놀라다. 두 근거리다. 만족스럽다. 반갑다. 부럽다. 뿌듯하다. 사랑스럽다. 서럽다. 설 레다. 시원하다. 신나다. 안심되다. 편안하다. 행복하다. 힘나다. 걱정된다. 귀찮다. 긴장되다. 답답하다. 당황스럽다. 막막하다. 망설여지다. 무기력하 다. 무섭다. 미안하다. 밉다. 부끄럽다. 부담스럽다. 분하다. 불안하다. 불편 하다. 섭섭하다. 속상하다. 슬프다. 실망스럽다. 싫다. 심심하다. 쑥스럽다. 아쉽다. 안타깝다. 얄밉다. 어색하다. 피곤하다. 허전하다. 혼란스럽다. 화 나다. 후회스럽다. 힘들다. (그 외)

학급 가치 세우기

프롤로그

'학급 본심 만나기'를 하고 나면 학급 구성원이 원하는 것을 공유하게 됨으로써 서로에 대한 관심과 공동체 의식이 생긴다. 그리고 본심을 이루고 싶은 마음도 커진다. 하지만 학생들은 본심을 이루기 위해 어떻게 해야 할지 잘 알지 못한다. 본심을 알게 되었는데, 그것이 이루어지지 않는다면 학생들은 좌절을 맛보게 될 것이다. 이 활동을 통해 학생들이 학급 본심을 이루는 데 도움이 되는 가치를 찾고, 학급 본심을 이루는 구체적인 방법들을 생각해보게 되길 바란다.

목적

❶ 학급 본심을 이루기 위한 학급 가치를 찾을 수 있다.
❷ 학급 가치를 지키기 위한 행동을 예를 들어 설명할 수 있다.
❸ 학급 가치를 실천하려는 태도를 지닌다.

공감교실 어떻게 가꿀까?

준비

- **준비물**   포스트잇, 가치 목록, 활동지(가치 행동 찾기)
- **시 간**   40분
- **인원 및 형태**   전체 활동, 개인 활동, 모둠 활동

흐름

❶ 활동의 목적을 안내한다.

"지난 시간에 다살림 학급 본심을 찾아보았습니다. 우리의 다살림 학급 본심이 이루어지면 어떨까요? 우리의 다살림 학급 본심을 이루기 위해서 필요한 가치는 무엇인지 함께 찾아봅시다."

❷ 학급 본심을 이루기 위해 필요한 가치를 1~3가지 선택한 뒤 각각의 가치를 포스트잇에 적는다. 이때 교사는 가치 목록 예시 자료를 보여준다.

지혜, 용기, 성실, 절제, 효도, 예절, 존중, 배려, 책임, 협동, 준법, 정의, (   )

❸ 가치를 적은 포스트잇을 칠판에 붙인다. 이때 같은 가치끼리 연결하여 붙인다.

❹ 학급 가치를 정한다. 모든 학생의 의견을 존중하기 위해 1명이 선택한 가치도 학급 가치에 포함시킨다.

❺ 가치가 4개 이상 나올 경우 매월 또는 매주 지켜야 할 가치를 3가지 이내로 정한다.

"여러분이 말한 가치들은 모두 소중하고 중요합니다. 하지만 우리가 한 번에 모두 다 지키는 건 부담스럽고 어려울 것 같아요. 지금 꼭 필요하다고 여겨지는 가치를 3가지만 선정하면 좋겠습니다. 현재 우리 반에서는 어떤 가치를 지키는 것이 중요할까요?"

❻ 모둠에서 가치를 실천하기 위한 행동을 정하여 활동지에 작성한다. 이를 통해 학생들이 일상생활에서 가치를 어떻게 실천해갈지를 생각해보게 한다.

"학급에서 정한 세 가지의 가치를 실천하려면 어떤 행동을 해야 할까요? 모둠 친구들과 함께 생각하여 활동지에 구체적으로 적어주세요."

배려, 책임, 소통을 실천하기 위해서 우리가 할 수 있는 행동은

첫째, 피구할 때 친구에게 공을 양보합니다.

둘째, 사용한 놀잇감은 스스로 정리합니다.

셋째, 친구가 말하면 잘 듣고 대답을 합니다.

❼ 활동 과정에서의 소감을 발표한다.

"활동을 하면서 어땠고, 하고 난 지금은 어떤가요?"

TIP

❶ 가치 목록에 빈칸을 만들어서 제시된 가치 이외에 학생이 원하는 가치를 적을 수 있게 한다.

❷ 1명이 적은 가치도 존중한다.

❸ 학급 가치가 지켜지고 있는지 수시로 점검하고 칭찬하는 시간을 갖는다.

❹ 항상 보고 기억할 수 있게 학급 가치는 정해진 곳에 게시한다.

공감교실 어떻게 가꿀까?

....를
실천하기 위해서
우리가 할 수 있는 행동

(   )모둠

첫째   ....

....

둘째   ....

....

셋째   ....

....

성품으로 가치 다지기

프롤로그

가치를 정해 놓기만 하고 점검을 하지 않는다면 쓸모없는 일이 될 것이다. 그렇다고 교사가 매일 학생들이 가치를 지키고 있는지 점검한다면 학생들은 수동적으로 참여할 가능성이 크다. 이 활동을 통해 학생들이 가치를 실천하려는 내적 동기를 갖게 되길 바란다.

목적

❶ 가치를 지킨 이유를 생각해보고, 관련된 성품을 찾을 수 있다.
❷ 가치를 지키려는 태도를 지닌다.

준비

- **준비물**　　　　활동지(나의 성품 찾기)
- **시　간**　　　　20분
- **인원 및 형태**　전체 활동, 개인 활동, 모둠 활동

흐름

❶ 활동의 목적을 안내한다.

"가치를 실천하는 이유는 사람마다 다릅니다. 가치를 실천한 이유에 담긴 자신의 성품을 찾아보고, 함께 칭찬하는 시간을 가져봅시다."

❷ 정해진 기간 동안 실천하기로 했던 가치를 칠판에 적는다.

❸ 활동지를 작성한다. 이때 교사는 다음과 같이 시범을 보인다.

저는 배려를 실천했습니다.
왜냐하면 아침 자습 시간에 전달하고 싶은 말이 있었는데, 우리 반 친구들의 독서에 방해가 될까봐 참았기 때문입니다.
그런 행동을 한 저는 세심한 사람입니다.

❹ 활동지에 적은 내용을 발표한다. 학생이 발표를 마치면 다 같이 박수를 친다.

❺ 발표한 학생이 찾은 성품 이외에 다른 성품을 다 같이 찾는다.

"동환이는 우리 반 아이들의 독서에 방해가 될까봐 말을 안했다고 했습니다. 그런 동환이는 또 어떤 성품을 지녔을까요?"
"동환이는 규칙을 잘 지킵니다. 착합니다. 센스가 있습니다."

❻ 모든 학생이 발표할 때까지 위의 4~5번을 반복한다.

❼ 우리 반에서 필요한 가치 1~3가지와 실천 기간을 다시 정한다.

❽ 활동 과정에서의 소감을 발표한다.

"활동을 하면서 어땠고, 하고 난 지금은 어떤가요?"

TIP

❶ 자신이 실천한 가치를 쉽게 찾지 못한다면 교사 혹은 주변 친구가 찾아 준다.

❷ 다시 정한 가치는 게시판에 안내해서 학생들이 평소에 생각할 수 있게 한다.

❸ 가치를 실천하지 않은 학생에게 기분이 어떤지 질문하고 수용하여 함께 하고 있다는 생각이 들게 한다.

나의 성품 찾기

저는 ....

....를 실천했습니다.

왜냐하면 저는 ....

....을 했기 때문입니다.

그런 말/행동을 한 저는 ....한 사람입니다.

💬 성품 단어

개성이 있는, 겸손한, 공정한, 긍정적인, 끈기가 있는, 눈치가 빠른, 다정한, 리더십이 강한, 모범적인, 믿음직한, 배려심이 있는, 분명한, 상냥한, 섬세한, 성실한, 솔선수범하는, 솔직한, 수용적인, 순발력 있는, 신중한, 여유 있는, 열정적인, 용기 있는, 자신감이 있는, 자유로운, 재치 있는, 적극적인, 적응력이 뛰어난, 정의로운, 조화로운, 지혜로운, 착한, 참을성이 있는, 책임감이 강한, 체계적인, 친절한, 편견이 없는, 한결같은, 합리적인, 협조적인, 활발한, (그 외)

개인의 성장 목표 정하기

프롤로그

몇 년 전, 학년 초에 개인의 성장 목표를 정해본 적이 있었다. 학생들이 정한 "시험성적 10점 올리기, 책 100권 읽기" 등의 목표를 환경판에 게시해 두었지만, 관심을 보이는 학생은 별로 없었다. 무엇이 문제였을까? 아마도 과거에 대한 감정과 생각을 충분히 살펴보지 않았기 때문에 자신이 정말 바라는 것을 찾지 못했고, 그러다 보니 목표를 이루고 싶은 마음도 부족했던 것 같다. 이 활동을 통해 학생들이 자신의 성장 목표를 이루려는 마음이 커지질 바란다.

목적

❶ 지금 기분을 찾을 수 있다.

❷ 경험을 바탕으로 정말 바라는 바(본심)를 찾아 성장 목표를 정할 수 있다.

❸ 성장 목표를 이루고 싶은 마음을 키운다.

공감교실 어떻게 가꿀까?

준비

- **준비물** 　활동지(성장 목표 정하기), 포스트잇
- **시　간** 　40분
- **인원 및 형태** 　전체 활동, 개인 활동

흐름

❶ 활동의 목적을 안내한다.

"지난 시간에 다살림 학급 본심을 찾아보았습니다. 다살림 공동체를 일구어가기 위해 공동의 목표도 중요하지만, 개인의 성장 목표를 이루어가는 것도 중요하다고 생각합니다. 이번 시간에는 각자의 목표를 찾아보는 시간을 가져보겠습니다."

❷ 활동지의 감정 단어 중 '작년에 했던 말과 행동을 떠올리면' 드는 감정에 ○표를 한다. ○표한 감정 단어 중 가장 큰 감정을 찾아 감정과 이유를 활동지 1번에 적는다.

저의 작년 생활을 떠올리면 아쉬워요.

왜냐하면 욕을 안 하려고 노력했고 그래서 조금 덜 하긴 했지만 욕을 해서 선생님께 혼난 적이 여러 번 있기 때문이에요.

제가 정말 바라는 것은 참을성을 기르는 거예요.

❸ 돌아가면서 전원 발표한다. 발표를 듣고 다 같이 "꼭 그렇게 되길 바라."라고 말한다.

❹ 활동지 2번에 구체적인 목표를 적는다.

"여러분의 본심이 이루어지려면 어떻게 하는 것이 좋을까요?"

4학년 2반에서 지내는 동안 저의 목표는 화가 날 때 3초간 참고 내 상태를 말로 표현하는 거예요.

이 목표가 이루어진다면 뿌듯할 것 같아요.

❺ 돌아가면서 전원 발표한다. 발표를 듣고 다 같이 "넌 할 수 있어."라고 말한다.

❻ 자신의 목표와 이름을 포스트잇에 적는다. 정해진 공간에 게시하여 자주 확인한다.

❼ 활동 과정에서의 소감을 발표한다.

"활동을 하면서 어땠고, 하고 난 지금은 어떤가요?"

TIP

❶ 교사는 학생들이 작년 생활을 떠올리며 드는 감정 중 부정적인 감정도 이야기할 수 있도록 수용적인 태도를 보인다.

❷ 주기적으로 목표를 확인하는 시간을 갖는다. 이때 목표를 이루었거나 다른 목표가 생겼을 경우 목표를 변경한 뒤 포스트잇에 다시 작성해서 붙이도록 한다.

❸ 교사도 다살림 공감교실의 일원으로서 모든 활동에 참여한다.

성장 목표 정하기

❶ 작년 생활(말, 행동, 태도)을 떠올리면 .... 해요.

왜냐하면 .... 하기 때문이에요.

제가 정말 바라는 저의 본심은

.... 하는 거예요.

❷ .... 학년 .... 반에서 지내는 동안 저의 성장 목표는

.... 하는 거예요.

이 목표가 이루어진다면 .... 할 것 같아요.

💬 감정 단어

가볍다. 감동적이다. 고맙다. 기대되다. 기쁘다. 긴장이 풀린다. 놀라다. 두 근거리다. 만족스럽다. 반갑다. 부럽다. 뿌듯하다. 사랑스럽다. 서럽다. 설 레다. 시원하다. 신나다. 안심되다. 편안하다. 행복하다. 힘나다. 걱정된다. 귀찮다. 긴장되다. 답답하다. 당황스럽다. 막막하다. 망설여지다. 무기력하 다. 무섭다. 미안하다. 밉다. 부끄럽다. 부담스럽다. 분하다. 불안하다. 불편 하다. 섭섭하다. 속상하다. 슬프다. 실망스럽다. 싫다. 심심하다. 쑥스럽다. 아쉽다. 안타깝다. 얄밉다. 어색하다. 피곤하다. 허전하다. 혼란스럽다. 화 나다. 후회스럽다. 힘들다. (그 외)

리더 성품 추천

프롤로그

　학생들은 학급의 리더가 어떤 일을 하는지, 어떤 능력을 갖추어야 하는지 알고 있을까? 고민해볼 시간이 주어지지 않는 이상, 스스로 생각해보는 학생들은 별로 없을 것 같다. 이 활동을 통해 학생들이 학급 구성원이 원하는 조건을 갖춘 리더를 신중하게 선택하고, 리더로 선출된 학생도 학급 구성원이 원하는 리더의 모습을 갖추어 가기 위해 노력하게 되길 바란다.

목적

❶ 다살림 학급 본심을 이루기 위해 갖추어야 할 성품을 찾을 수 있다.

❷ 다살림 학급 본심을 이루기 위해 갖추어야 할 성품을 지닌 학생을 추천하는 글을 쓸 수 있다.

준비

- **준비물**　　　성품 단어 목록, 포스트잇, 활동지(리더 성품 추천서)
- **시　간**　　　40분
- **인원 및 형태**　전체 활동, 개인 활동

흐름

❶ 활동의 목적을 안내한다.

"다음 주에 우리 반 회장단을 뽑는 선거를 할 예정입니다. 회장단은 우리 반의 대표입니다. 우리 반을 대표하는 학생들이기에 우리가 원하는 성품을 지닌 사람이 회장단이 되었으면 좋겠습니다. 이번 시간에는 우리 반 회장단이 지녀야 할 성품을 함께 이야기해보고, 그러한 성품을 지닌 학생을 추천해 봅시다."

❷ 활동지의 성품 단어 목록에서 다살림 학급 본심을 이루기 위해 학급회장이 갖추어야 할 성품을 찾아 ○표를 한다.

❸ 포스트잇에 자신이 찾은 리더의 성품을 크게 쓴다.

❹ 리더의 성품과 그 성품이 필요한 이유를 발표한 뒤에 성품을 적은 포스트잇을 칠판에 붙인다. 이때 같은 성품이 쓰여 있는 포스트잇은 이어서 붙인다.

❺ 다살림 학급 본심을 이루기 위해 필요한 리더의 성품을 가진 친구를 찾아 회장 추천서를 작성한다. 교사는 예를 들어 설명한다.

저는 한승윤을 추천합니다.

승윤이는 배려심이 있고 공정하며 시원시원합니다.

제가 그렇게 본 이유는 승윤이는 모둠 활동을 할 때 모든 친구들이 다 해볼 수 있게 해주었고, 친구들이 싸울 때 친한 친구 편만 들지 않습니다. 그리고 눈치 보지 않고 솔직하게 이야기해주기 때문입니다.

그래서 저는 배려심이 있고 공정하며 시원시원한 한승윤을 추천합니다.

❻ 회장 추천서를 정해진 장소에 게시한다. 학생들이 회장 추천서를 주의 깊게 읽어볼 수 있도록 안내한다.

"회장 추천서는 환경판에 게시하겠습니다. 1주일 동안 친구들이 적은 추천서를 주의 깊게 읽어보고, 우리 반을 대표할 만한 친구가 누구일지 곰곰이 생각해봅시다."

❼ 활동 과정에서의 소감을 발표한다.

"활동을 하면서 어땠고, 하고 난 지금은 어떤가요?"

TIP

❶ 임원 선출 일주일 전에 활동하는 것이 좋다.

❷ 임원 선출 후 추천받은 친구에게 추천서를 선물로 준다.

공감교실 어떻게 가꿀까?

리더(회장) 성품 추천서

활동지 리더 성품 추천

추천인 : (   )

저는 ....을 추천합니다.

.............................은 ....합니다.

제가 그렇게 본 이유는 ....

....

그래서 저는 ....

.............................한 ....을 추천합니다.

💬 **성품 단어**

개성이 있는, 겸손한, 공정한, 긍정적인, 끈기가 있는, 눈치가 빠른, 다정한, 리더십이 강한, 모범적인, 믿음직한, 배려심이 있는, 분명한, 상냥한, 섬세한, 성실한, 솔선수범하는, 솔직한, 수용적인, 순발력 있는, 신중한, 여유 있는, 열정적인, 용기 있는, 자신감이 있는, 자유로운, 재치 있는, 적극적인, 적응력이 뛰어난, 정의로운, 조화로운, 지혜로운, 착한, 참을성이 있는, 책임감이 강한, 체계적인, 친절한, 편견이 없는, 한결같은, 합리적인, 협조적인, 활발한, (그 외)

학부모 상담

프롤로그

학기별 1회 학부모 상담을 할 때마다 주로 내 기준에서 살펴본 학생의 성격과 문제점에 대해 말했다. 그러고 나면 어렵게 학교에 오신 학부모님이 만족스러웠을지 되돌아보게 되었다. 아쉽고 미진했다. 이 활동을 통해 학부모님이 문제라 여기는 부분에 대해 마음을 비우고, 정말 바라는 본심을 찾을 수 있도록 돕는 상담이 되길 바란다.

목적

❶ 학부모님이 자신의 마음을 수용하고 본심을 찾아갈 수 있다.

❷ 학부모님이 자신의 본심 행동을 찾을 수 있다.

❸ 성품 칭찬을 통해 학부모님이 본심 행동을 하려는 마음을 키울 수 있다.

공감교실 어떻게 가꿀까?

준비

- **준비물**　　　　활동지(학부모님과의 만남)
- **시　간**　　　　20분
- **인원 및 형태**　개인 활동

흐름

❶ 활동의 목적을 안내한다.

"안녕하세요. 만나서 반갑습니다. 힘든 걸음 하신 만큼, 어머님께 도움이 되는 시간이 되면 좋겠습니다. 제가 어머님의 생각을 정리하는 데 도움을 드리고 싶어서 활동지를 준비했어요. 활동지를 이용해서 이야기 나누는 것, 괜찮으세요?"

❷ 활동지 1번에 자녀를 떠올리면 드는 감정에 ○표를 한다.

"윤서를 떠올리면 어떤 기분이 드세요?"

❸ ○표한 감정에 대해 학부모님과 이야기를 한다. 이때 교사는 학부모님이 느낀 감정을 모두 표현할 때까지 질문하고 수용한다.

　[질문]　"윤서 어머니는 윤서를 생각하면 걱정되시군요. 왜 걱정되세요?"

　[수용]　"어머니 말씀은 윤서가 친구 따라서 틴트를 바르고 다닌다는 말씀이시죠? 그렇다면 정말 걱정되시겠어요."

❹ 활동지 2번에 학부모님의 본심을 적는다.

"윤서 어머니께서 정말 바라시는 건 무엇인가요?"

"윤서 어머니께서는 윤서가 무작정 친구를 따라하지 않고 바르게 성장하길 바라시는군. 또 바라시는 게 있나요?"

❺ **활동지 3번에 학부모님의 본심 행동**(본심을 이루기 위한 구체적인 행동)**을 적는다.**

"어머니께서 어떻게 하면 윤서가 무작정 친구를 따라 하지 않게 될까요?"
"꼭 그렇게 되길 바랍니다."

❻ **학부모님의 본심과 본심 행동에 담긴 성품을 찾아 적는다. 이를 통해 본심 행동을 실천할 수 있도록 지지한다.**

❼ **활동 과정에서의 소감을 발표한다.**

"이야기 나누면서는 어땠고, 지금 기분은 어떠세요?"

___

TIP

❶ 학부모님이 활동지에 작성하는 것을 불편해하신다면 활동지의 감정 단어와 성품 단어만 표시하고, 글쓰기 활동은 생략한다.

❷ 학생의 학교생활과 학업 수준 등 객관적인 사실이 궁금하신 분들께는 관련 정보를 제공한다.

학부모님과의 만남

❶ 아이를 떠올리면 드는 기분을 찾아 ○표 하세요.

개성이 있는, 겸손한, 공정한, 긍정적인, 끈기가 있는, 눈치가 빠른, 다정한, 리더십이 강한, 모범적인, 믿음직한, 배려심이 있는, 분명한, 상냥한, 섬세한, 성실한, 솔선수범하는, 솔직한, 수용적인, 순발력 있는, 신중한, 여유 있는, 열정적인, 용기 있는, 자신감이 있는, 자유로운, 재치 있는, 적극적인, 적응력이 뛰어난, 정의로운, 조화로운, 지혜로운, 착한, 참을성이 있는, 책임감이 강한, 체계적인, 친절한, 편견이 없는, 한결같은, 합리적인, 협조적인, 활발한, (그 외)

❷ 내가 정말 바라는 것은 ....

❸ 그러기 위해(그렇게 되기 위해)

나는 ....

❹ 이런 나는 .... 한 사람이에요.

💬 성품 단어

개성이 있는, 겸손한, 공정한, 긍정적인, 끈기가 있는, 눈치가 빠른, 다정한, 리더십이 강한, 모범적인, 믿음직한, 배려심이 있는, 분명한, 상냥한, 섬세한, 성실한, 솔선수범하는, 솔직한, 수용적인, 순발력 있는, 신중한, 여유 있는, 열정적인, 용기 있는, 자신감이 있는, 자유로운, 재치 있는, 적극적인, 적응력이 뛰어난, 정의로운, 조화로운, 지혜로운, 착한, 참을성이 있는, 책임감이 강한, 체계적인, 친절한, 편견이 없는, 한결같은, 합리적인, 협조적인, 활발한, (그 외)

10 감정의 방향

프롤로그

상대방에 대한 부정적인 감정을 참고 표현하지 않는 사람도 있고, 자신에 대한 긍정적인 감정보다 부정적인 감정을 크게 느끼는 사람도 있다. 주로 사용하는 감정은 관계에서 사용하는 습관이 반영된 것이다. 이 활동을 통해 다살림 상호작용을 위해 개인의 관계 습관을 변화해가려는 마음을 가지게 되길 바란다.

목적

❶ 감정에 방향이 있음을 이해할 수 있다.
❷ 자신이 주로 표현하는 감정의 방향을 안다.
❸ 감정의 영향력을 알 수 있다.

준비

- **준비물**　　　감정 단어 목록(26쪽 참고)
- **시 간**　　　20분

▪ **인원 및 형태**   전체 활동, 짝 활동

흐름

❶ 활동의 목적을 안내한다.

"이번 시간에는 감정을 조금 더 깊이 알아보려 합니다. 선생님이 제시하는 미션을 연기자처럼 실감 나게 표현해 보고 그때 마음속에 생기는 감정을 잘 살펴봅시다."

❷ 교사가 한 학생과 함께 시범을 보인다. 이때 시범을 보이겠다고 나서는 학생의 용기와 적극성을 칭찬하다.

교사: 나는 내가 싫어.

학생: 나는 내가 못마땅해요. (1회)

교사: 나는 슬퍼.

학생: 나는 나에게 화가 나요. (2회)

※ 위와 같은 형식으로 5회 반복

※ 실제 감정을 표현하지 말 것

❸ "나는 내가 (부정 감정)해."라는 말을 짝과 번갈아 가며 5번씩 한다.

❹ "나는 내가 (긍정 감정)해."라는 말을 짝과 번갈아 가며 5번씩 한다.

❺ "나는 네가 (부정 감정)해."라는 말을 짝과 번갈아 가며 5번씩 한다.

❻ "나는 네가 (긍정 감정)해."라는 말을 짝과 번갈아 가며 5번씩 한다.

❼ 활동 과정에서의 소감을 발표한다.

"나-나(내가 나에게 느낀) 부정 감정을 말할 때는 어땠나요?"

"나-나(내가 나에게 느낀) 긍정 감정을 말할 때는 어땠나요?"

"나-너(내가 너에게 느낀) 부정 감정을 말할 때는 어땠나요?"

"나-너(내가 너에게 느낀) 긍정 감정을 말할 때는 어땠나요?"

"너-나(상대가 나에게 느낀) 부정 감정을 들었을 때는 어땠나요?"

"너-나(상대가 나에게 느낀) 긍정 감정을 들었을 때는 어땠나요?"

"평소에 주로 사용하는 감정의 방향은 무엇인가요?

"다살림 공감교실을 위해 어떤 감정의 방향을 사용하는 것이 좋을까요?"

TIP

❶ 실제 감정이 아니라 연기임을 강조하고 실감 나게 연기할 것을 안내한다.

❷ 어떤 영향을 받았는지 많은 학생들의 감정과 생각을 공유한다.

❸ 부정 감정을 쓰지 말아야겠다는 소감이 나올 수 있다. 그럴 때에는 감정을 충분히 공감해주고, 부정 감정도 소중하다고 안내한다. 단, 부정감정을 표현해서 상대방이 불편해한다면 그것을 수용해주는 태도가 필요함을 지도한다.

성품 이해하기

11

프롤로그

함께 생활하다 보면 나서기 좋아하는 학생, 눈치 없는 학생, 자기 주장이 강한 학생 등 학생들을 하나의 시선으로만 보게 되는 경우가 생긴다. 특히 부정적인 감정을 가지고 있을 때 그러하다. 이 활동을 통해 성격의 양면을 이해하고 자신의 성품을 찾아 자존감을 높이며 상대방 성품을 칭찬할 수 있게 되길 바란다.

목적

❶ 성격의 양면을 이해할 수 있다.
❷ 친구의 성품을 찾아 칭찬할 수 있다.

준비

- **준비물**　　　　성격분석표, 활동지(성품 칭찬판), 스티커
- **시　간**　　　　40분
- **인원 및 형태**　전체 활동, 개인 활동, 모둠 활동

흐름

❶ 활동의 목적을 안내한다.

"성격은 장점과 단점을 동시에 가지고 있습니다. 여러분 성격의 단점과 장점을 찾아보고, 친구의 성품을 칭찬하는 시간을 가져봅시다."

❷ 활동지 1에서 안 좋은 감정을 가지고 있을 때에 보여지는 자신의 특징(단점)을 찾아 ○표를 한다.

❸ 활동지 1에서 찾은 자신의 단점을 발표한다. 이때 학생들이 단점을 발표하기 싫어한다면 단점을 찾고 났을 때의 기분을 발표하게 한다.

❹ 활동지 2에 활동지 1을 붙인다. 그리고 자신이 찾은 단점의 좋은 면을 찾아서 ○표를 한다.

❺ 성격분석표에서 찾은 성격특성, 단점, 장점 및 활동 후 기분을 발표한다.

저는 의욕적이고 활동적입니다.
그래서 나서기 좋아하고 산만할 때도 있지만 적극적이고 솔선수범합니다.
성품을 찾고 나서 뿌듯하고 기쁩니다.

❻ 모둠 친구의 성품을 찾아 스티커에 적는다.

❼ 모둠 친구의 성품 칭찬판에 성품 스티커를 붙여주고, 그렇게 본 이유를 이야기한다.

공감교실 어떻게 가꿀까?

❽ 활동 과정에서의 소감을 발표한다.

"여러분 성격의 장단점을 찾고 어땠나요?"

"친구들에게 성품 스티커를 받고 난 후 어땠나요?"

"여러분 자신을 혹은 누군가를 정도 이상으로 나쁘게 보고 있지는 않았나요? 여러분 모두 좋은 성품을 지니고 있답니다. 선생님은 여러분이 좋은 성품을 잘 가꾸어가길 바랍니다."

TIP

❶ 가족의 단점을 장점으로 바꾸어 일기를 써보는 것도 좋다. 이는 가족을 조금 더 깊이 이해할 수 있게 한다.

❷ 자신과 타인을 정도 이상으로 나쁘게 보고 있는 것은 아닌지 생각해보게 한다.

❸ 학생들이 장점을 키워가고 단점을 줄여가려는 마음을 갖게 한다.

💬 안 좋은 감정을 갖고 있을 때 (−)

나서기 좋아하는, 설치는

수다스럽고 잔소리가 많은

독불장군식인, 자기중심적인

약삭 빠른, 간사한

따지는, 냉정한

거만한, 오만한

피도 눈물도 없는, 과욕적인

줏대가 없는, 아부하는

고집불통인, 독재적인

비현실적인, 맹신하는

남의 말을 잘 듣지 않는

겉만 번지르르한

분주한, 설치는

수동적인, 의타적인

따지는, 챙기는

변덕이 심한, 신경질적인

설치는, 투쟁적인

소심한, 불안한

저속한, 속물적인

다혈적인, 신경질적인

욕심이 많은, 허황된

남의 얘기를 안 듣는

일밖에 모르는, 요령꾼

마음이 약한, 복종적인

가벼운, 경솔한

허세부리는

나서기 좋아하는

복종적인, 의존적인

독재적인, 강압적인

흐리멍텅한

💬 **성격분석표**

한국형 코칭, 유동수, 학지사

성격 특성	좋은 감정을 갖고 있을 때 (+)	안 좋은 감정을 갖고 있을 때 (-)
의욕적	적극적인, 열성적인	
말이 많은	말을 잘하는, 활동적인	
독립적	소신 있는, 자립심이 강한	
재치 있는	센스 있는, 영리한	
이성적인	합리적인, 논리적인	
신사적인	예의범절이 바른, 깍듯한	
목표지향적	목표가 분명한, 미래지향적인	
지지적	협조적인, 도우는	
지배적	소신 있는, 주관이 분명한	
종교적	안정된, 믿음 있는	
영향을 받지 않는	소신 있는, 자신 있는	
깨끗하고 산뜻한	깔끔한	
활동적	의욕적인, 적극적인	
복종적	규범을 잘 지키는, 협조적인	
논리적	이성적인, 객관적인	
감수성이 높은	감정이 풍부한, 민감한	
경쟁적	의욕적인, 적극적인	
불안정한	감정에 민감한, 예민한	
서민적	적응을 잘하는, 소탈한	
감정적	감수성이 풍부한	
야망 있는	꿈이 많은, 야망 있는	
주관적	소신 있는, 뚜렷하고 분명한	
업무에 숙달된	일을 잘하는, 능력 있는	
의존적	적응력이 높은	
의사결정이 빠른	신속하고 정확한	
외모에 신경 쓰는	깨끗하고 깔끔한	
자신감 있는	소신 있는, 자신만만한	
수동적	규범에 잘 따르는	
리드하는 데 익숙한	리더십이 훌륭한, 능력 있는	
훈훈한	사람이 따뜻한, 정이 많은	

....의 성품 칭찬

12

감정 성품 편지쓰기

프롤로그

마음리더십에서는 다살림 공감교실을 추구한다. 이를 위해서는 서로 이해하고 인정하는 태도가 필요한데, 짝의 감정과 성품을 찾아 쓰는 '감정 성품 편지쓰기'는 이러한 태도를 기르는데 매우 적합하다. 이 활동을 통해 자신의 마음을 표현하고, 상대방을 칭찬할 수 있게 되길, 더불어 학급에 대한 안정감도 높아지길 기대한다.

목적

❶ 마음을 전하는 글을 쓸 수 있다.
❷ 서로를 이해하고 인정하는 태도를 기른다.
❸ 학급 안에서의 안정감을 높인다.

준비

▪ **준비물**　　　　활동지(감정 성품 편지지)
▪ **시　간**　　　　20분

- **인원 및 형태**　　　전체 활동, 짝 활동

흐름

❶ 활동의 목적을 안내한다.

　　"선생님은 여러분이 짝에게 느끼는 감정을 표현해서 이해받고, 짝의
　　성품을 칭찬해주며 서로에게 좋은 감정을 갖게 되길 바랍니다. 솔직하
　　게 쓰되, 짝의 마음도 고려하며 편지를 써봅시다."

❷ 편지지 아래에 적혀있는 감정, 성품 단어 중 짝과 관련된 단어
　　에 ○표를 한다.

❸ ○표를 한 감정과 성품에 관련된 경험(사실), 생각을 떠올려서 편
　　지를 쓴다.

❹ 짝과 자신의 편지를 주고받는다. 학기 초에는 교사가 미리 내용
　　을 확인하고 불편한 내용이 있다면 다시 적게 한 뒤에 주고받게
　　한다. 감동적인 글은 전체 앞에서 읽어준다.

❺ 편지를 주고받은 소감을 발표한다. 이때 교사는 짝에게 "듣고
　　어때?"라고 질문하며 서로를 연결시킨다.

❻ 편지지는 일기장 뒷면, 파일 등 정해진 곳에 보관한다.

TIP

❶ 편지쓰기를 하기 전에 나쁜 말과 좋은 말이 적혀있는 편지를 받으면 기분이 어떨지에 대해 이야기를 나누고, 상대방의 마음을 고려하여 편지를 쓰도록 안내한다.

❷ 초기에는 잘 쓴 편지를 2~3편 읽어주는 것이 좋다.

❸ 매월 자리를 바꾸기 전에 규칙적으로 활동한다.

❹ 편지를 받고 불편한 마음이 생겼을 경우, 서로의 마음을 묻고 전하면서 서로 이해해주는 시간을 갖게 한다.

❺ 편지쓰기를 어려워하는 친구는 개별 지도한다.

❻ 편지는 개별 보관하고, 다음 편지 쓰기를 하기 전에 살펴보게 하면 좋다.

감정 성품 편지지

....

....

....

....

....

....

....

....

....

....

가볍다. 감동적이다. 고맙다. 기대되다. 기쁘다. 긴장이 풀린다. 놀라다. 두근거리다. 만족스럽다. 반갑다. 부럽다. 뿌듯하다. 사랑스럽다. 서럽다. 설레다. 시원하다. 신나다. 안심되다. 편안하다. 행복하다. 힘나다. 걱정된다. 미안하다.

공정한, 긍정적인, 끈기가 있는, 눈치가 빠른, 다정한, 리더십이 강한, 믿음직한, 배려심이 있는, 분명한, 성실한, 솔직한, 수용적인, 순발력 있는, 신중한, 용기 있는, 자유로운, 재치 있는, 적극적인, 적응력이 뛰어난, 조화로운, 지혜로운, 착한, 참을성이 있는, 책임감이 강한, 친절한, 편견이 없는, 한결같은, 합리적인, 협조적인, 활발한

매일매일 성품 칭찬

프롤로그

학년초, 학년말, 짝 바꾸는 날 등 특별한 기념일에 성품 칭찬을 하면 아이들이 무척 행복해했다. 행복해하는 아이들을 바라보면서 나도 함께 기뻤다. 매일 성품 칭찬을 하면 어떨까? 1년이 행복할 것 같았다. 이 활동을 통해 학생들이 성품을 발견하고 칭찬할 줄 아는 사람으로 성장하길, 더불어 행복하고 화목한 학급 분위기가 형성되길 바란다.

목적

❶ 상대방의 성품을 찾아 말할 수 있다.
❷ 매일 듣는 성품 칭찬을 통해 자존감을 높일 수 있다.
❸ 구성원 모두가 행복하고 화목한 학급 분위기를 만들 수 있다.

준비

▪ **준비물**　　　　성품 단어 목록(53쪽 참고)

- **시 간**   5~10분
- **인원 및 형태**   전체 활동

흐름

❶ 활동의 목적을 안내한다.

"칭찬은 상대방을 기쁘게 하고 성장하게 합니다. 또 칭찬하는 사람의 안목을 키워줄 거라 생각합니다. 성품 칭찬을 통해 행복하고 화목한 학급 분위기를 만들어봅시다."

❷ 교사는 TV 화면으로 성품 단어 목록을 보여주며, 학생들에게 "오늘 찾은 성품을 발표해 봅시다."라고 말한다.

❸ 학생은 "저는 「배려심이 있는」 친구를 찾았습니다."라고 발표한다.

❹ 나머지 학생들은 "누구?"라고 묻는다.

❺ 학생은 "(홍길동)입니다."라고 발표한다.

❻ 나머지 학생들은 "왜?"라고 묻는다.

❼ 학생은 성품에 대한 이유를 말한다.

❽ 위의 2~6번을 반복한다.

❾ 교사는 성품 칭찬을 한 학생들을 칭찬한다.

"성품 칭찬을 한 친구들, 일어서 주세요. 적극적으로 발표해주어 든든합니다. 이 친구들에게 박수를 보내주세요."

TIP

❶ 가능하면 매일 한다.

❷ 성품 칭찬을 할 학생을 미리 정해 놓는 것도 좋다.

❸ 마지막 수업이 끝나기 5분 전에 시작하면 학생들이 부담 없이 참여한다.

❹ 학생들이 "왜", "누구" 등의 진행에 필요한 말을 하지 않을 수 있다. 학생들이 가벼운 마음으로 참여할 수 있도록 교사는 학생들에게 진행에 필요한 말을 강요하지 않는다.

성품 생일선물

프롤로그

학생들 한 명 한 명의 생일을 진심으로 축하해주고 싶었다. 그리고 생일을 맞이한 학생이 모두에게 축하받는 행복한 하루를 보내길 바랐다. 그렇지만 학급의 모든 학생들의 축하파티를 위해 매번 수업 시간을 이용하는 것은 부담스러웠다. 이 활동을 통해 시간을 적게 사용하면서도 생일을 맞이한 학생이 친구들에게 인정받고 행복한 하루를 보낼 수 있길, 그리고 아끼고 사랑하는 마음을 담아 칭찬을 하는 따뜻한 학급 분위기를 만들어 갈 수 있길 바란다.

목적

❶ 친구의 성품을 찾아 말할 수 있다.
❷ 생일을 맞이한 친구의 자존감을 높일 수 있다.
❸ 따뜻한 학급 분위기를 만들 수 있다.

준비

- **준비물** 스티커, 생일 축하판(A4용지의 1/2),
  성품 단어 목록(53쪽 참고)
- **시 간** 10분
- **인원 및 형태** 전체 활동

흐름

❶ 활동의 목적을 안내한다.

"오늘은 진주의 생일이에요. 진주에게 축하하는 마음을 담아 성품 생
일 선물을 줍시다."

❷ 성품 단어 목록을 참고하여 생일을 맞이한 친구의 성품을 찾아
스티커에 적는다.

❸ 생일 축하판을 생일을 맞이한 친구에게 준다.

❹ 생일을 맞이한 친구의 생일 축하판에 성품을 적은 스티커를 붙
이고, 이유를 설명한다. 이때 스티커 붙이는 순서를 정해주는
것이 좋다.

❺ 활동 과정에서의 소감을 발표한다. 이때 교사는 학생들을 연결
시킨다.

[질문] "성품 선물을 받고 기분이 어떤가요?"

[수용] "진주는 기쁘고 행복하고 기쁘구나."

[연결] "여러분, 진주의 말을 듣고 어때요?"

❻ 다 함께 생일축하 노래를 부른다.

TIP

❶ 성품 선물을 줄 때 이유를 꼭 설명하게 한다.

❷ 교사가 스티커를 붙이는 순서를 정해주는 것이 좋다.

❸ 교사도 성품 선물을 준다.

❹ 다살림 공감교실의 일원으로서 교사의 생일에도 성품 선물을
받는다.

................................아, 생일 축하해!

15

친절한 기자

프롤로그

상대방의 말을 자기 방식으로 해석하고 오해해서 갈등이 생기는 경우가 종종 있다. 상대방을 제대로 이해하려면 상대방의 말과 기분, 생각을 있는 그대로 받아들이는 것이 중요하다. 마음리더십의 '입으로 듣기' 기법을 사용함으로써 학생들이 있는 그대로 만나가길, 그리고 상대방을 있는 그대로 수용하게 되길 바란다.

목적

❶ 마음리더십의 '입으로 듣기'를 이해할 수 있다.
❷ 마음리더십의 '입으로 듣기'를 할 수 있다.
❸ 상대방의 말을 있는 그대로 수용하는 태도를 지닌다.

준비

- **준비물**　　　질문카드
- **시　간**　　　20분

▪ **인원 및 형태**　　　4인 모둠 활동

흐름

❶ 활동의 목적을 안내한다.

"기자는 무엇을 하는 사람인가요? 가끔 신문기사를 보면 면담자가 말한 의도와 다르게 해석한 기사가 나오기도 합니다. 우리는 면담자의 말을 바르게 이해하고 있는지를 확인하고, 잘 듣고 있다는 것을 알려주는 친절한 기자가 되어봅시다."

❷ 질문카드를 1장씩 갖는다.

❸ 입으로 듣기를 설명한다.

"입으로 듣기란 상대방을 있는 그대로 수용하기 위해 자신이 들은 내용을 상대방에게 물어봐서 '맞아요'라는 반응이 나오게 하는 거예요."

❹ 교사가 기자가 되어 한 학생과 시범을 보인다.

기자: **[질문]** 성은님이 가장 소중하게 생각하는 것은 무엇인가요?

성은: 제가 가장 소중하게 생각하는 것은 가족입니다.

기자: **[입으로 듣기]** 성은님은 가족이 가장 소중하다는 말이죠?

성은 : 네.

기자 : **[질문]** 성은님이 왜 가족이 가장 소중한가요?

성은 : 당연한 거 같은데.

기자 : **[입으로 듣기]** 성은님은 가족이 소중한 건 당연하다는 말이죠?

성은 : 네.

기자 : **[질문]** 성은님, 가족이 없어진다면 어떨 것 같나요?

성은 : 어, 너무 외롭고 슬플 것 같아요.

기자 : **[입으로 듣기]** 성은님은 가족이 없어진다면 외롭고 슬플 것 같다는 말이죠?

성은 : 네.

❺ 모둠원 중 1명이 기자가 되어 자신이 가지고 있는 질문카드로 나머지 모둠원에게 질문을 하고 대답에 대해 수용한다. 이때 "네"라는 대답이 나오면 다음 사람에게 질문하고, "아니오"라는 대답이 나오면 "다시 말해주겠어요?"라며 다시 묻고 수용한다.

❻ 기자의 역할을 바꾸어 위의 4번을 반복한다.

❼ 활동 과정에서의 소감을 발표한다. 교사는 학생들의 대답에 대해 입으로 듣기를 한다.

[질문] "기자가 수용하는 말을 했을 때 어땠나요?"

[입으로 듣기] "민준이는 기자가 민준이의 말을 잘 들어주는 것 같아서 기분이 좋았구나."

TIP

❶ 질문지는 교사가 제공해도 되고, 학생들이 만들게 해도 된다.

❷ 교사가 시범을 보이는 것이 좋다.

❸ 국어 시간 '주인공 인터뷰하기'에 활용할 수 있다.

❹ 상대방의 말을 수용하는 습관이 생길 수 있도록 여러 번 반복한다.

공감교실 어떻게 가꿀까?

질문카드 예시 자료

○○님은 중간놀이 시간에 무엇을 하나요?

그걸 하는 이유는 무엇인가요?

친구가 다른 걸 하자고 하면 어떻게 하나요?

[입으로 듣기] "○○님 말은 ~라는 말이군요."

○○님, 가장 기억에 남는 친구는 누구인가요?

왜 그 친구가 기억에 남나요?

[입으로 듣기] "○○님 말은 ~라는 말이군요."

○○님은 방과 후에 무엇을 하나요?

그것을 할 때의 기분은 어떤가요?

원하는 것을 할 수 있다면 무엇을 하고 싶은가요?

[입으로 듣기] "○○님 말은 ~라는 말이군요."

○○님은 부모님을 떠올리면 어떤 기분이 드나요?

왜 ~한 기분이 드나요?

부모님께 바라는 것이 있나요? 무엇인가요?

[입으로 듣기] "○○님 말은 ~라는 말이군요."

마음 표현 역할놀이

프롤로그

A : 야, 너 왜 나 비웃어?

B : 내가 언제?

A : 아까 내가 발표할 때 나 보고 웃었잖아!

아마도 A는 B가 자신이 발표할 때 웃는 것을 보고 자신을 무시한다고 생각했던 것 같다. 하지만 A는 B에게 마음을 이해받지 못했고 둘의 사이는 더 멀어졌다. 이 활동을 통해 학생들이 자신의 마음을 이해받을 수 있는 방법을 익히게 되길 바란다.

목적

❶ 상대방에게 이해받기 쉬운 마음 표현 방법을 이해할 수 있다.

❷ 자신의 감정, 생각, 본심을 찾아 표현할 수 있다.

준비

▪ **준비물**　　　　말하기 카드, 활동지(마음 표현 카드)

- **시 간**   40분
- **인원 및 형태** 4인 모둠 활동, 전체 활동

흐름

❶ 활동의 목적을 안내한다.

"여러분, 친구에게 불편한 마음이 생길 때가 있죠? 그럼 어떻게 하나요? 불편한 마음은 표현해야 이해받을 수 있어요. 그런데 말했다가 싸울까봐 걱정되지 않나요? 그래서 싸우지 않으려고 불편해도 참는 경우도 있잖아요. 불편한 마음을 표현하는 건 더 잘 지내보고 싶은 본심이 있기 때문이에요. 불편한 마음을 상대방이 받아들이기 쉽게 표현하는 방법을 찾아봅시다."

❷ 말하기 카드를 모둠별 1장씩 갖는다.

❸ 교사는 한 학생과 시범을 보인다. 교사가 말하기 카드를 한 문장씩 읽으면 학생은 즉흥적으로 반응한다.

말하기 카드 ❶	즉흥 반응 (예)
윤아, 너 왜 대답 안해?	내가 언제?
나는 서운하고 좀 화가 났어.	그래서 어쩌라고!
너 왜 나 무시해?	내가 언제? 어이 없네.
나는 네가 나를 존중해주면 좋겠어.	너는? 너는 존중하나?
윤아, 내가 물어볼 때 대답을 해 줄래?	어. 근데 갑자기 그 말을 왜 해?

❹ 모둠에서 말하는 사람(A)와 듣는 사람(B)를 정한다. 나머지 2명은 관찰자 역할을 한다. A는 말하기 카드에 적힌 문장을 한 문

장씩 B에게 말한다. 이때 B는 즉흥적으로 반응한다.

❺ 활동 과정에서의 소감을 발표한다.

"상대방이 여러분의 마음을 잘 이해해주었나요?"

"상대방의 반응을 듣고 어땠나요?"

"관찰자는 보고 어땠나요?"

❻ 교사는 피드백의 방법인 사감생본 말하기를 설명하고 시범을 보인다.

"피드백이란 상대에 대한 내 마음을 표현하거나 상대에게 영향을 주기 위해 하는 말의 기법입니다. 이때 구체적으로 내 마음을 표현하기 위해 시감생본, 즉 사실, 감정, 생각, 본심을 말합니다. 요청을 덧붙이면 더 좋아요. 선생님이 해 볼게요."

TV화면

[사실] ~했잖아.

[감정] 그때 나는 ~했어.

[생각] 왜냐하면 ~

[본심] 나는 네가 ~해주면 좋겠어.

[요청] ~해 줄래?

시범

[사실] 윤아, 아까 공기놀이 할 때 내가 너한테 몇 단계냐고 물어봤는데, 네가 대답을 안 했잖아?

[감정] 그때 나는 서운하고 좀 화가 났어.

[생각] 왜냐하면 네가 나를 무시한다는 생각이 들었거든.

[본심] 나는 네가 나를 존중해주면 좋겠어.

[요청] 윤아, 내가 물어볼 때 대답을 해 줄래?

❼ 모둠에 주어진 말하기 카드를 바탕으로 마음을 잘 이해받을 수 있는 '마음 표현 카드'를 만든다.

❽ 모둠에서 만든 '마음 표현 카드'를 발표한다. 나머지 학생들은 발표를 듣고 상대방의 마음이 이해되는 정도를 손가락 점수 (0~10점)로 나타낸다.

❾ 활동 과정에서의 소감을 발표한다.

"활동을 하면서 어땠고 지금은 어떤가요?"

❿ 모둠에서 만든 마음 표현 카드는 환경판에 게시하여 평소에 마음 표현 방법을 익히게 한다.

TIP

❶ 교사가 시범을 보여 학생의 이해를 돕는다.

❷ 말하기 카드는 예시자료이다. 학급에서 학생들이 실제 사용하는 말을 이용하면 학생들의 흥미와 집중력을 높일 수 있다.

질문카드 예시 자료

말하기 카드 ❶

[사실] ○○아, 너 왜 대답을 안해?

[감정] ○○아, 나는 서운하고 좀 화가 났어.

[생각] ○○아, 너 왜 나 무시해?

[본심] ○○아, 나는 네가 나를 존중해주면 좋겠어.

[요청] ○○아, 내가 물어볼 때 대답을 해 줄래?

말하기 카드 ❷

[사실] "○○아, 너도 장난치면서 왜 나한테만 장난치지 말라고 해?

[감정] ○○아, 나는 어이가 없고 억울해.

[생각] ○○아, 네가 장난치니까 나는 같이 장난치자는 줄 알았어.

[본심] ○○아, 나는 너랑 똑같이 대우받길 원해.

[요청] ○○아, 너부터 나한테 장난치지 말아줄래?

말하기 카드 ❸

[사실] ○○아, 너 왜 요즘 ○○이랑만 같이 다녀?

[감정] ○○아, 나는 서운하고 궁금해.

[생각] ○○아, 내가 싫어진거야?

[본심] ○○아, 너의 진짜 마음을 알고 싶고 너랑 잘 지내고 싶어.

[요청] ○○아, 어떤 점이 싫어진 건지 이야기 해 줄래?

말하기 카드 ④

[사실] ○○아, 너 왜 웃어?
[감정] ○○아, 나는 섭섭하고 짜증났어.
[생각] ○○아, 너는 내가 넘어진게 걱정은 안되고 재미있어?
[본심] ○○아, 나는 네가 나를 살펴주면 좋겠어.
[요청] ○○아, 나에게 사과하고 내가 괜찮은지 물어봐 줄래?

말하기 카드 ⑤

[사실] ○○아, 왜 계속 놀기만 해. 모둠 활동 안해?
[감정] ○○아, 나는 화가 나고 답답해.
[생각] ○○아, 너는 우리 모둠 작품에 관심이 없어?
[본심] ○○아, 나는 다 같이 하고 싶어.
[요청] ○○아, 같이 하자.

말하기 카드 ⑥

[사실] ○○아, 공기하자. 어제도 피구했잖아.
[감정] ○○아, 나는 섭섭해.
[생각] ○○아, 왜 맨날 너 하고 싶은 대로만 해?
[본심] ○○아, 나도 너에게 존중받고 싶어.
[요청] ○○아, 우리 서로 원하는 걸 번갈아가면서 하자.

마음 표현 카드

(   )모둠

마음 연결 역할놀이

프롤로그

사람은 관계 속에 있다. 마음 표현을 아무리 잘해도 듣는 사람이 이해하려 들지 않는다면 마음은 연결되지 않는다. 마음이 잘 드러나지 않게 말하면 주의 깊게 들어도 오해받기 쉽다. 평소에 학생들이 찰떡같이 말하고 찰떡같이 알아들을 수 있으면 좋겠다. 이 활동을 통해 학생들이 이해 받을 수 있게 말하고, 수용하는 태도로 들어주며 마음이 연결됨을 느끼게 되길 바란다.

목적

❶ 상대방의 마음을 수용한 뒤에 내 마음을 표현할 수 있다.
❷ 상대방의 마음을 수용하는 태도를 지닌다.
❸ 대화를 통해 불편한 마음을 이해받고, 친밀해지는 경험을 할 수 있다.

준비

- **준비물**   말하기 카드(90쪽 참고), 마음 연결 안내서
- **시　간**   40분
- **인원 및 형태**   4인 모둠 활동, 전체 활동

흐름

❶ 활동의 목적을 안내한다.

"여러분, 마음 표현 놀이에서 배운 대로 친구나 부모님께 표현해 본 학생 있나요? 어땠나요? 조금 더 이해받을 수 있었다는 말이군요. 배운 대로 표현했지만 이해 받지 못한 학생도 있네요. 내가 신중하게 표현한 만큼 내 이야기를 잘 들어주는 사람이 곁에 있다면 좋겠죠? 이번 시간에는 대화가 잘 통하고 마음이 연결되었다는 느낌이 드는 역할 놀이를 해 봅시다."

❷ 말하기 카드를 모둠별 1장씩 갖는다.

❸ 교사는 한 학생과 시범을 보인다. 교사가 말하기 카드를 한 문장씩 읽으면 학생은 즉흥적으로 반응한다.

말하기 카드 **1**	입으로 듣기 (예)
윤아, 너 왜 대답 안해?	너는 내가 네 말에 대답을 안했다는 말이지?
나는 서운하고 좀 화가 났어.	너는 나한테 화가 나고 짜증이 났구나.
너 왜 나 무시해?	내가 너를 무시했다고 생각했구나.
나는 네가 나를 존중해주면 좋겠어.	내가 너를 존중해주면 좋겠구나.
윤아, 내가 물어볼 때 대답을 해 줄래?	네가 물어볼 때 내가 대답을 해주면 좋겠구나.

     공감교실 어떻게 가꿀까?

❹ 모둠에서 마음표현을 할 사람(A)를 정한다. A가 말하기 카드를 보고 한 문장씩 말한다. 나머지 모둠원(B, C, D)은 '친절한 기자'에서 했던 입으로 듣기를 한다.

❺ 활동 과정에서의 소감을 발표한다.

"입으로 듣기를 해 주었을 때 어땠나요?"

"입으로 듣기를 한 친구들은 어땠나요?"

❻ 교사는 사감생본 듣고 말하기를 설명하고 시범을 보인다.

"여러분은 언제 대화가 잘 통한다는 생각이 드나요? 서로 마음 표현을 잘 하고, 마음 표현을 했을 때 이해받았다는 느낌이 들 때 대화가 잘 통하는 것 같지 않나요? 그렇게 되려면 어떻게 하면 될까요? 지난 시간에 배운 사감생본 말하기를 하고, 서로의 말을 듣고 난 뒤에는 사감생본 듣기[4]를 하면 됩니다. 사감생본 듣기는 사실, 감정, 생각, 본심을 입으로 듣기 하는 거예요. 선생님이 해 볼게요."

이때 TV화면으로 '마음 연결 안내서'를 보여준다.

---

4   사감생본 듣기는 상대방이 전하고자 하는 말의 의미와 그 안에 담긴 마음을 나의 말로, 즉 입으로 진술하는 수용의 기법이다. 상대방의 마음을 자세하고 구체적으로 수용하기 위해 "[사실] 너의 말은 ~라는 말이지? [생각] 너는 ~라는 생각이 들었겠어. [감정] 그랬다면 ~한 기분이었겠다. [본심] 너는 ~하길 바라는구나."라고 사감생본 순으로 수용한다. 이때 감정, 생각 듣기의 순서는 바꾸어도 된다. 사감생본 말하기는 00쪽에 설명되어 있다.

시범 ────────────────────────────

A (학생)	B (교사)
① 마음 표현 선생님, 동환이랑 저랑 같이 떠들었는데 저한테만 조용히 하라고 하셨잖아요. 그래서 좀 억울하고 속상했어요. 똑같이 대해주시면 좋겠어요.	② 입으로 듣기 세훈아, 너랑 동환이랑 같이 떠들었는데 선생님이 너한테만 조용히 하라고 했다는 말이지? 그랬다면 정말 억울하고 속상했겠다. 너는 선생님이 공정하게 해주면 좋겠구나.
④ 입으로 듣기 선생님은 당황스럽고 저에겐 미안했나봐요. 선생님이 상황을 제대로 파악하지 못했다는 생각이 들었다는 말이죠? 선생님, 저의 이야기를 잘 들어주셔서 감사합니다.	③ 피드백 선생님은 네 말을 듣고, 당황스럽고 미안해. 왜냐하면 선생님이 상황 파악을 정확하게 하지 못했다는 생각이 들었거든. 선생님도 공정한 사람이 되고 싶어. 말해주어 고마워.

❼ 모둠에서 마음을 표현하는 사람(A)와 듣는 사람(B)를 정한다. A가 말하기 카드의 내용(또는 지난 시간에 작성한 마음 표현 카드)을 정리해서 마음을 표현한다. B는 마음 연결 안내서의 '② 입으로 듣기'와 '③ 피드백'을 한다. 나머지 모둠원은 관찰자의 역할을 한다.

❽ 활동 과정에서의 소감을 발표한다.

"활동을 하면서 어땠고 지금은 어떤가요?"

공감교실 어떻게 가꿀까?

TIP

❶ 교사가 시범을 보여주거나 학생들의 시범 영상을 미리 준비했다가 보여주면 학생의 이해를 도울 수 있다.

❷ 활동흐름 ❼에서 많은 학생들이 역할놀이에 참여할 수 있도록 역할을 바꾸어 반복할 수 있다.

❸ 교사가 평소에 이와 같은 형식으로 마음표현, 입으로 듣기, 피드백을 하면 아이들이 쉽게 배울 수 있다.

마음 연결 안내서

A	B
① 마음 표현 **[사실]** ~했잖아. **[감정]** 그때 나는 ~했어. **[생각]** 왜냐하면 ~ **[본심]** 나는 네가 ~해주면 좋겠어.	**② 입으로 듣기** **[사실]** 너는 ~했다는 말이지? **[감정]** 그때 너는 ~했겠어. **[생각]** 너는 ~라는 생각이 들 었구나. **[본심]** 너는 내가 ~해주면 좋 겠구나. **[대답]** 노력해볼게./그럴게.
④ 입으로 듣기 **[사실]** ~했다는 말이지? **[감정]** 그때 너는 ~했겠어. **[생각]** 너는 ~라는 생각이 들었구나. **[본심]** 너는 내가 ~해주면 좋겠구나. **[대답]** 노력해볼게./그럴게.	**③ 피드백** **[사실]** 너가 ~라고 했잖아? **[감정]** 나는 네 말을 듣고 ~해. **[생각]** 왜냐하면 ~ **[본심]** 나는 ~하면 좋겠어.

마음 연결 집단 역할극

프롤로그

"쟤 바보 아니냐?, 헐~, 뭐래~, 니가 뭔 상관이야, 너나 잘해"

이런 말을 들으며 염려되고, 안타깝다. 염려되는 까닭은 말을 듣는 학생이 위축되거나 화가 날 것 같아서고, 안타까운 까닭은 본심이 분명하게 전달되지 않는다는 생각이 들기 때문이다. 그리고 당사자가 아니더라도 그 말에 부정적인 영향을 받은 학생들이 있을 것 같아서 같은 공간 안에 있는 모든 학생들이 살펴졌다. 이 활동을 통해 학생들이 자신의 마음을 구체적으로 표현하고 서로의 마음을 알아주는 문화가 형성되길 바란다.

목적

❶ 상대방의 말에 영향을 받아 생긴 감정, 생각, 본심을 말할 수 있다.

❷ 자신의 본심이 이루어지기 위한 말이나 행동을 할 수 있다.

❸ 본심이 드러나게 말하려는 마음을 가질 수 있다.

준비

- **준비물**　　　사전 역할극 대본, 활동지(역할극 대사 만들기)
- **시　간**　　　40분
- **인원 및 형태**　전체 활동, 개인 활동

흐름

❶ 활동의 목적을 안내한다.

"선생님은 여러분이 친구들의 말과 행동에 상처받지 않고 이 공간에서 평화롭게 지내길 바랍니다. 우리가 말과 행동에 어떤 영향을 받는지 알아보고 어떻게 말하는 것이 좋을지 찾아봅시다."

❷ 모든 학생이 참여할 수 있는 사전 역할극 대본을 준비한다.

❸ 사전 역할극을 한다.

❹ 사전 역할극을 하며 인물의 말과 행동에 어떤 영향을 받았는지 발표한다. 자신이 직접 들은 말이 아닌 다른 사람에게 하는 말에도 영향을 받았는지 확인한다.

"역할극에서 여러분에게 하는 말을 듣고 어땠나요?"
"여러분에게 한 말은 아닌데도 들으면서 감정이 생긴 적이 있나요? 어떤 말이었고, 어떤 기분이 들었나요?"

❺ 마음 표현 역할놀이에서 배운 방법을 참고하여 상대방을 상처 주지 않고 자신의 마음이 잘 드러나는 대사를 만든다. 교사는 시범을 보여준다.

[말] 쉬는 시간 종이 쳐도 전개도 다 그린 사람만 놀아라.

[감정] 걱정된다.

[생각] 왜냐하면 아이들이 전개도 그리는 것을 완벽하게 이해하지 못했다고 여겨지기 때문이다.

[본심] 내가 정말 바라는 것은 아이들이 전개도 그리는 방법을 완벽하게 이해하는 것이다.

[마음 표현 대사]

얘들아, 선생님은 너희들이 전개도 그리는 방법을 꼭 알게 되면 좋겠어. 그래서 쉬는 시간이 되어도 너희들이 전개도를 다 그린 뒤에 놀길 바라.

❻ 학생들이 만든 대사로 사후 역할극을 한다. 이때 상대방의 대사를 수용한 뒤 자신의 대사를 말한다.

❼ 사후 역할극을 하며 인물의 말과 행동에 어떤 영향을 받았는지 발표한다. 자신이 직접 들은 말이 아닌 다른 사람에게 하는 말에도 영향을 받았는지 확인한다.

"역할극에서 여러분에게 하는 말을 듣고 어땠나요?"

"여러분에게 한 말은 아닌데도 들으면서 감정이 생긴 적이 있나요? 어떤 말이었고, 어떤 기분이 들었나요?"

❽ 활동 과정에서의 소감을 발표한다.

"활동을 하면서 어땠고 지금은 어떤가요?"

TIP

❶ 학생 수에 따라 역할극을 조정하면 된다.

❷ 학생들과 시나리오를 같이 써도 좋다.

❸ 학습지를 작성할 때 학생들이 잘 이해할 수 있도록 시범을 보여
준다.

❹ 사전, 사후 역할극을 할 때 정해진 순서대로 말한다.

역할극 대사 만들기

[말]

[감정]

[생각(이유)**]**

[본심(정말 원하는바)**]**

[마음 표현 대사]

사전 역할극 대본

교사   쉬는 시간 종이 쳐도 전개도 다 그린 사람만 놀아라.

학생01   (짜증 섞인 목소리) 아~ 싫어요.

학생02   (혼잣말로) 아, 몰라. 그냥 놀래.

학생03   (학생 4에게) 야, 그만해. 같이 놀자.

학생04   (학생 3에게) 싫어. 너나 놀아. 짜증나죽겠는데!

학생05   아~ 쌤, 너무 어려워요.

학생06   (큰소리로) 헐, 이게 어렵대. 쟤 바보 아니냐?

학생들   (큰소리로 웃는다.)

학생07   (학생 8에게 웃으며) 야, 점선, 실선 몰라? 제대로 그려.

학생08   (학생 7에게 화내며) 니가 뭔 상관이야~

학생09   (큰 소리로 즐겁게) 아, 끝났다.~ (학생10에게) 넌 아직도 못 끝냈냐?

학생10   (문제를 풀며) 아, 짜증나. 저리가.

학생11   선생님, 다 했어요.

학생12   (학생 11의 책을 보고) 야, 안했잖아. (큰 소리로) 선생님, 얘 거짓말 했어요.

학급 성찰하기

프롤로그

같은 교실 안에서 학생들은 서로 다른 감정을 느끼고 서로 다른 생각을 한다. 이는 표현하지 않으면 알 수가 없다. 모두가 이해받고 인정받는 다살림 공감교실을 만들어가기 위해서는 구성원 각자가 느끼는 현재의 상태를 되돌아보고, 구성원들에게 표현하는 시간이 꼭 필요하다. 이 활동을 통해 소수의 의견이 아닌 모두의 의견을 담아 본심행동을 실천하는 다살림 공감교실이 되어가길 바란다.

목적

❶ 학급 구성원 전원의 기분, 생각, 본심을 알 수 있다.
❷ 학급 본심을 이루기 위해 해야 할 일을 찾을 수 있다.
❸ 모두의 의견을 수용하는 다살림 공감교실을 만들어갈 수 있다.

준비

▪ **준비물**　　　　활동지(학급 성찰)

- **시　간**　　　　　40분
- **인원 및 형태**　　전체 활동, 개인 활동

흐름

❶ 활동의 목적을 안내한다.

"선생님은 여러분과 선생님 모두 이 공간 안에서 이해받고 행복하길 바랍니다. 그러기 위해 서로의 생각과 기분을 알아가는 것이 중요하다고 생각합니다. 이번 시간에는 우리 반을 떠올리면 어떤 기분인지 스스로 살피고, 친구들의 이야기를 들어보며 서로가 원하는 것이 무엇인지 알아가는 시간을 가져봅시다."

❷ 활동지의 감정 단어 목록에 있는 감정 중에서 "우리 반을 떠올리면" 생기는 감정에 ○표를 한다. 자리 바꾸는 날을 떠올리면, 단톡방을 떠올리면, 교과담임교사 시간을 떠올리면 등 학급의 불편한 상황을 구체적으로 제시하는 것이 좋다. 이때 활동지를 한 번에 다 작성하지 않고, 교사의 안내를 받아 정해진 부분만 작성하기로 약속한다.

❸ 자신이 ○표한 감정 중 가장 크게 남아있는 감정에 대해 활동지 1번을 작성하며 자신의 기분과 생각을 스스로 살핀다.

❹ 활동지 1번에 적은 내용을 발표한다. 이때 1명 이상의 학생들이 입으로 듣기를 한다. 처음 발표한 학생에게는 시범을 보이기 위해 교사가 입으로 듣기를 한다.

　　　　　　　　　　　　　　　공감교실 어떻게 가꿀까?

은지   저는 화가 났어요. 왜냐하면 밤 9시가 넘었는데 아이들이 카톡을 계속 올리기 때문이에요. 그래서 엄마한테 저만 혼났어요.

교사   은지는 9시 넘어서도 아이들이 카톡을 해서 화가 났구나. 엄마한테 너만 혼나서 더 짜증났겠다.

❺ **교사는 학생들을 연결시킨다.**

교사   은지의 말을 듣고, 하고 싶은 말이 있나요? 있으면 직접 이야기해주세요.

수연   은지야, 미안해.

교사   은지야, 수연이 말 듣고 어때? 수연이에게 말해줘.

은지   괜찮아. 미안하다고 해줘서 고마워.

❻ 모든 학생이 마음 표현을 할 때까지 위의 4~5번을 반복한다. 교사의 개입을 줄이기 위해 학생은 손기호를 사용하여 자신이 말하고자 하는 것을 알리고, 교사는 상황에 맞게 학생에게 발표할 기회를 준다. 교사는 한 학생이 발표를 할 때마다 수용과 피드백을 5명까지 할 수 있도록 제한하여 한 학생에게 수용과 피드백이 몰리지 않게 한다.

손기호	① **마음 표현** : 검지 세우기
	② **수용** : 검지+중지 세우기
	③ **피드백** : 검지+중지+약지 세우기

❼ **지금 기분을 말한다.**

"지금 기분이 어떤가요?"

❽ 활동 과정에서의 소감을 발표한다.

"활동을 하면서 어땠고 지금은 어떤가요?"

❾ 활동지 2번을 돌아가며 발표한다. 발표를 듣고 학급구성원 전원은 "꼭 그렇게 되길 바라."라고 말한다.

❿ 지금 기분을 말한다.

"본심을 말하고 나서, 또는 「꼭 그렇게 되길 바라」라는 말을 듣고 어떤가요?"

⓫ 자신이 원하는 것과 친구들이 원하는 것이 모두 들어가게 본심을 정리한다.

"우리 반 친구들이 원하는 것은 무엇인가요? 정리해서 말해주세요."

⓬ 활동지 4번에 본심행동을 기록한다.

"우리가 어떻게 하면 나와 친구들의 바람이 이루어질까요?"

⓭ 활동지 4번에 적은 내용을 돌아가며 발표한다. 이때 자신이 할 수 있는 일이라면 "그럴게."라고 대답한다.

⓮ 함께 지킬 본심행동을 1~3가지 정도 정한다.

⓯ 활동 과정에서의 소감을 발표한다.

"활동을 하면서 어땠고 지금은 어떤가요?"

TIP

❶ 1~2일 전 주제를 공지하여 미리 생각해 볼 시간을 주거나 활동
지를 미리 작성해오게 해도 좋다.

❷ 활동지를 작성하지 않고 교사가 활동 흐름대로 진행해도 된다.
글을 쓰는 것보다 마음을 표현하고 나누는 활동에 중점을 둔다.

❸ 가능한 모든 학생이 발표하게 하고, 어려워하는 친구의 입장은
수용해 준다.

❹ 발표가 활발하지 않으면 3번 정도 꼭 하도록 제안한다.

❺ 학급 성찰하기는 시기를 정해두고 주기적으로 실시하되, 문제
발생 시에는 즉시 실시하는 것으로 미리 약속한다.

❻ 본심 행동 실천 여부에 대해 사후지도를 한다.

학급 성찰

❶ ....을/를 떠올리면 ....해요.

왜냐하면 ....하기 때문이에요.

❷ 제가 정말 바라는 저의 본심은

....하는 거예요.

왜냐하면 ....하기 때문이에요.

❸ 왜냐하면 ....하기 때문이에요.

❹ 우리의 본심 ....이 이루어지기 위해

얘들아, ...하자.

💬 감정 단어

가볍다. 감동적이다. 고맙다. 기대된다. 기쁘다. 긴장이 풀린다. 놀라다. 두 근거리다. 만족스럽다. 반갑다. 부럽다. 뿌듯하다. 사랑스럽다. 서럽다. 설 레다. 시원하다. 신난다. 안심된다. 편안하다. 행복하다. 힘난다. 걱정된다. 귀찮다. 긴장된다. 답답하다. 당황스럽다. 막막하다. 망설여지다. 무기력하 다. 무섭다. 미안하다. 밉다. 부끄럽다. 부담스럽다. 분하다. 불안하다. 불편 하다. 섭섭하다. 속상하다. 슬프다. 실망스럽다. 싫다. 심심하다. 쑥스럽다. 아쉽다. 안타깝다. 얄밉다. 어색하다. 피곤하다. 허전하다. 혼란스럽다. 화 나다. 후회스럽다. 힘들다. (그 외)

꼬마상담가

프롤로그

학교 폭력 예방 설문지에서 '고민이 있을 때 누구에게 말하나요?' 라는 문항이 있었다. 대다수의 학생들이 부모님, 교사가 아닌 친구에게 말한다고 답했다. 친구에게 말하면 고민이 해결이 될까? 고민이 해결되지는 않더라고 마음이 가벼워지는 상태가 되면 좋겠다. 이 활동을 통해 학생들이 상담하는 방법을 익혀서 언제든 친구의 마음 비우기를 도울 수 있게 되길 바란다.

목적

❶ 꼬마상담가가 갖추어야 할 수용의 자세를 안다.
❷ 꼬마상담가가 되어 친구의 마음을 들어줄 수 있다.

준비

- 준비물   활동지(꼬마상담가 안내서), 감정 단어 목록(22쪽 참고)
- 시 간   40분

- **인원 및 형태**　　짝 활동

흐름

❶ 활동의 목적을 안내한다.

"마음 비우기가 잘 되려면 들어주는 사람이 중요합니다. 마음 비우기
가 잘 될 수 있도록 꼬마상담가가 되어봅시다."

❷ 교사는 한 학생과 시범을 보인다. 이때 TV화면으로 꼬마상담가
안내서를 보여준다.

시범 ──────────────────────────────────

① 윤아, 요즘 네가 불편해 보여서 걱정이 돼. 무슨 일이 있는지 이야
기해줄 수 있어? 내가 잘 들어줄게.

② 너는 요즘 어때? 한 가지씩 말해줘.

③ 무서웠구나? 왜 무서웠어?

④ 너는 유미가 너를 왕따시킨다고 생각했다는 말이지?
그랬다면 정말 무서웠겠다. 또 어땠어? (③으로 이동)

⑤ 지금 기분은 어때?

⑥ 시원하구나.

⑦ 네가 정말 바라는 건 뭐야?

⑧ 네가 정말 바라는 것은 친구들 눈치 안보고 편안하게 지내는 거구
나. 꼭 그렇게 되길 바라.

⑨ 나는 네 말을 듣고 미안해. 왜냐하면 네가 그렇게 힘든 줄도 모르
고 지냈기 때문이야. 앞으로 나랑 친하게 지내자.

⑩ 너는 내 말 듣고 어때?

❸ 활동지에 있는 감정 단어 중 최근에 드는 감정에 ○표를 한다.

❹ '꼬마상담가 안내서'를 참고하여 짝과 활동을 한다. 이때 상담가는 내담자의 이야기를 절대 다른 사람에게 이야기하지 않기로 약속한다. 꼬마상담가 안내서 9번 피드백은 내담자의 말을 듣고 생긴 기분을 말하는 것인데, 이때 상대방에게 도움이 될 수 있는 말을 하면 좋다고 제안한다.

❺ 역할을 바꾸어 위의 4번을 한다.

❻ 활동 과정에서의 소감을 발표한다.

"활동을 하면서 어땠고 지금은 어떤가요?"

TIP

❶ 활동 흐름 2번에서 교사의 시범 대신 미리 촬영한 영상으로 대체할 수 있다.

❷ 꼬마상담가는 들은 이야기를 다른 사람에게 전하지 않아야 함을 주지시킨다.

❸ 학생들이 진지하게 참여하게 한다.

꼬마상담가 안내서

❶ ○○아, 요즘 네가 불편해 보여서 걱정이 돼.
나는 네가 편안해지면 좋겠어.
무슨 일이 있는지 이야기해줄 수 있어? 내가 잘 들어줄게. 등

❷ 너는 요즘 어때? 한 가지씩 말해줘.

❸ ~했구나? 왜 ~했어?

❹ 너는 ~라고 생각했다는 말이지?
그랬다면 정말 ~했겠다. 또 어땠어?
(❸으로 이동)

❺ 지금 기분은 어때?

❻ ~하구나.

❼ 네가 정말 바라는 건 뭐야?

❽ 네가 정말 바라는 것은 ~이구나.
꼭 그렇게 되길 바라.

❾ 나는 네 말을 듣고 ~해. 왜냐하면 ~. 내가 정말 바라는 건 ~.

❿ 너는 내 말 듣고 어때?

공감교실 어떻게 가꿀까?

상대의 변화를 위한 피드백

프롤로그

마음리더십에서는 다른 사람의 성장과 발전을 돕기 위해, 또는 다살림 변화에 영향을 미칠 수 있도록 요청하는 피드백을 한다. 이 때의 피드백은 들을 때는 따끔하겠지만, 말하는 사람의 본심을 생각한다면 정말 따뜻한 말이다. 이 활동을 통해 학생들이 서로의 성장과 발전을 위해 비난이 아닌 따뜻한 피드백을 할 수 있게 되길, 그리고 더 안전하고 신뢰하는 다살림 공감교실이 되길 바란다.

목적

❶ 상대방을 돕기 위한 마음을 담아 피드백을 할 수 있다.
❷ 피드백을 한 뒤에 상대방의 마음을 살피는 태도를 지닌다.

준비

- **준비물** 활동지(상대의 변화를 위한 피드백)

- **시　간**　　　　　　20분
- **인원 및 형태**　　　짝 활동

흐름

❶ 활동의 목적을 안내한다.

"마음리더십에서는 상대방을 비난하기 위해 고칠 점을 알려주는 것이 아니라, 상대방이 성장하고 발전하기를 바라는 따뜻한 마음으로 고칠 점을 알려줍니다. 그리고 우리 모두에게 긍정적인 영향을 미칠 수 있도록 요청하기도 합니다. 의도가 멋지지 않나요? 하지만 아무리 따뜻한 마음으로 말해도 들으면 따끔하긴 할 거예요. 상대의 변화를 위해 어떤 말을 해주면 좋을지 생각해보고 표현해봅시다."

❷ 활동지에 있는 감정 단어 목록에서 한 친구를 떠올리면 드는 감정을 찾아 ○표를 한다.

❸ ○표한 감정에 대한 사실, 생각을 찾아 활동지 1~5번을 작성한다. 교사는 의도가 잘 전달될 수 있도록 글쓰기를 지도한다.

❹ 대상자를 찾아가서 활동지 1~5번을 순서대로 말한다.

❺ 상대방이 피드백을 잘 받아들이면 성품칭찬을 한다.

❻ 상대방이 피드백을 잘 받아들이지 못하면 기분을 살펴 '꼬마상담가' 활동을 한다.

❼ 활동 과정에서의 소감을 발표한다.

"활동을 하면서 어땠고 지금은 어떤가요?"

TIP

❶ 이번 시간에 하는 피드백은 상대방의 성장과 발전을 위해서 하는 말임을 분명히 한다.

❷ 학생이 피드백을 듣고 불편해지는 경우, 교사가 적극적으로 개입한다.

❸ 이 활동은 따뜻하고 친밀한 관계가 형성된 뒤에 해야 한다. 학생들이 갈등 관계에 있는 경우에는 이 활동을 하지 않는 것이 낫다.

상대의 변화를 위한 피드백

✋ (   )을 떠올리면 드는 감정에 체크

걱정스럽다(걱정된다). 답답하다. 당황스럽다. 두렵다. 마음 아프다. 막막하다. 무기력하다. 무섭다. 밉다. 부담스럽다. 불안하다. 불편하다. 섭섭하다. 속상하다. 슬프다. 실망스럽다. 싫다. 아쉽다. 안타깝다. 얄밉다. 어색하다. 위축된다. 지친다. 피곤하다. 허전하다. 혼란스럽다. 화나다. (그 외)

✋ (   )에게 할 말 준비하기

❶ ○○아, 내가 너의 성장(발전)을 위해서 이야기해주고 싶은 게 있어. 들을 여유 있어?

❷ 나는 네가 .... 하는 모습을 보고

.... 했어.

❸ 왜냐하면 .... 라고 생각했기 때문이야.

❹ 나는 네가 .... 하면 좋겠어.

❺ 내 말 듣고 어때?

✋ 내 말에 책임지기

❶ 내 말을 받아들일 경우

"너는 정말 .... 이구나. 받아들여 주어서 고마워."

(예) 합리적, 마음이 넓은, 수용적인, 시원시원한, 신중한 등

❷ 내 말을 받아들이지 않을 경우

: 꼬마 상담가 활동하기 (❸번~)

스스로 갈등 해결

함께 하는 마음 비우기

프롤로그

학생들은 갈등 상황에서 상대방에게 사과받거나 이해받고 싶어 한다. 하지만 양쪽 모두 불편한 마음을 가지고 있어서 먼저 상대방을 이해해 주는 건 쉽지 않다. 이럴 때 '함께 하는 마음 비우기[5]' 방법을 사용하면 학생들은 연습일지언정 서로를 이해하는 말을 하게 된다. 어색하게 말했는데도 불구하고 학생들은 이해를 받아서 괜찮아졌다는 반응을 보인다. 갈등 해결에 매우 효과적인 '함께 하는 마음 비우기' 방법을 소개하고자 한다.

목적

❶ 스스로 갈등을 해결하는 방법을 알 수 있다.
❷ 상대방의 마음을 있는 그대로 수용하는 태도를 기른다.

---

5   함께 하는 마음 비우기는 교사-학생, 학생-학생 등의 관계에서 상대의 마음을 움직여 갈등을 해결하기 위해 서로 상대방을 이해해 준 뒤 자신의 의견을 말하도록 설계되었다.

준비

- **준비물**　　　　　활동지(함께 하는 마음 비우기 안내서),
　　　　　　　　　감정 단어 목록(22쪽 참고)
- **시　간**　　　　　20분
- **인원 및 형태**　　짝 활동

흐름

❶ 활동의 목적을 안내한다. 이때 학생들이 동의하면 활동을 진행한다. 활동을 하겠다고 한 학생의 성품(의욕적인, 용기 있는, 적극적인 등)을 칭찬한다.

"서로에 대한 마음으로 불편하지? 선생님과 이야기하는 것도 좋지만, 상대방에게 어떤 마음인지, 무얼 바라는지 이야기하고 직접 이해받을 수 있으면 더 좋을 것 같아. 같이 이야기해보자. 어때?"

❷ 상대방과 있었던 일에 대한 기분을 감정 단어 목록에서 찾아 ○표를 한다.

❸ 마음표현을 할 학생(A)과 듣기를 할 학생(B)을 정한다. 이때 먼저 듣겠다고 하는 학생의 넉넉함, 적극성 등을 칭찬한다.

❹ A는 감정 단어 목록을, B는 함께 하는 마음 비우기 안내서를 보며 활동한다.

　　예시 ─────────────────────────────
　　① ○○아, 우리 서로에게 어떤 마음이 드는지 알아주기를 해보자.
　　② 넌 어땠어? 한 가지씩 말해줘.

③ 억울했구나? 왜 억울했어?

④ 너는 샤프를 던지지 않았는데 내가 네가 샤프를 던졌다고 오해했다는 거지? 그랬다면 정말 억울했겠다.

⑤ 지금 기분은 어때?

⑥ 시원하구나.

⑦ 너는 나에게 바라는 것이 있니?

⑧ 너는 내가 화내기 전에 너한테 확인하길 바라는구나.
그럴게./노력해볼게.

⑨ 나는 네 말을 듣고 미안해. 왜냐하면 너한테 물어보지 않고 내 마음대로 생각하고 너가 잘못했다고 말했기 때문이야. 앞으로 조심할게.

⑩ 너는 내 말 듣고 어때?

❺ 역할을 바꾸어 위의 4번을 한다.

❻ 활동 과정에서의 소감을 발표한다.

"활동을 하면서는 어땠고, 지금은 어때?"

TIP

❶ 안내서 7번에서 자신이 바라는 것을 못 찾는 경우가 있다. 그럴 경우 교사는 마음 표현을 한 학생이 표시해 둔 감정 단어를 다시 읽어주면서 그때 바랐던 것이 무엇인지 구체적으로 생각해 보게 한다. 그리고 본심을 여러 개 찾으면 그중 가장 바라는 것이 무엇인지 물어본다. 학생이 모두 다 원한다고 하면 모두 다 말하게 한다.

❷ 안내서 9번에서 피드백을 어려워하는 경우가 있다. 이때 교사가 마음 표현을 한 학생의 감정 단어를 다시 읽어주고, 듣기를 한 학생에게 들으면서 어떤 기분이 들었는지 물어본다.

❸ 이 활동을 통해 서로를 이해할 수는 있지만, 반복되는 문제 행동은 남아있을 수 있다. 그러므로 문제 행동 개선을 위한 사후 지도가 필요하다.

공감교실 어떻게 가꿀까?

함께 하는 마음 비우기 안내서

❶ ○○아, 우리 서로에게 어떤 마음이 드는지 알아주기를 해보자.

❷ 넌 어땠어? 한 가지씩 말해줘.

❸ ~했구나? 왜 ~했어?

❹ 너는 ~라고 생각했다는 말이지?
그랬다면 정말 ~했겠다. 또 어땠어?
(❸으로 이동)

❺ 지금 기분은 어때?

❻ ~하구나.

❼ 너는 나에게 바라는 것이 있니?

❽ 네가 정말 바라는 것은 ~이구나.
그럴게./노력해볼게.

❾ 나는 네 말을 듣고 ~해. 왜냐하면 ~. 내가 정말 바라는 건 ~.

❿ 너는 내 말 듣고 어때?

성장 누리기

프롤로그

학기 초에 개인의 성장 목표를 세웠다. 그리고 다살림 학급 본심을 찾고, 본심을 이루기 위해 필요한 가치를 세웠다. 학기 중엔 학급 공동체 회의를 통해 다살림 본심이 이루어지고 있는지, 학급 가치는 잘 지키고 있는지 점검했고 고칠 점을 찾아 개선하려고 노력했다. 이러한 과정 속에서 학생들은 1년 동안 변화하거나 성장했을 것이다. 이 활동을 통해 자신의 성장에 대한 기쁨을 충분히 누리며 자기 자신을 칭찬하고, 도움을 준 사람들에게 고마운 마음을 표현할 줄 아는 사람이 되길 바란다.

목적

❶ 1년 동안의 말과 행동을 돌이켜보고, 성장하거나 변화한 점을 찾을 수 있다.

❷ 성장하거나 변화한 점과 관련된 자신의 성품을 찾을 수 있다.

❸ 도움을 준 사람들에게 고마운 마음을 표현할 수 있다.

준비

- **준비물**   활동지(성장 누리기), 성품 단어 목록(53쪽 참고)
- **시 간**   40분
- **인원 및 형태**   전체 활동, 개인 활동

흐름

❶ 활동의 목적을 안내한다.

"우리가 함께 한 지가 벌써 1년이 되었습니다. 1년 동안 여러분이 세 웠던 개인 목표, 다살림 학급 본심, 가치 등을 떠올려 봅시다. 그리고 여러분의 말과 행동, 태도의 변화를 생각해봅시다. 선생님이 보기에 여러분은 긍정적으로 변화했고 성장했습니다. 스스로 성장한 부분을 찾아낼 수 있다면 더 뿌듯할 거라 생각됩니다. 우리 함께 성장의 기쁨 을 누려봅시다."

❷ 활동지를 작성한다.

❸ 교사가 먼저 발표를 해서 진지한 분위기를 조성한다.

시범 ───────────────────────────

① 저는 1년 동안 학생들이 변화할 것이라 믿고 기다려주는 마음이 성 장했습니다.
② 이것을 떠올리면 저는 믿음직스럽고 마음이 넓은 사람이라는 생각 이 듭니다. 그리고 뿌듯합니다.
③ 이렇게 될 수 있도록 도움을 준 사람은 우리 반 학생들입니다.
④ 도움을 준 우리 반 학생들은 끈기가 있고 믿을 수 있는 사람들입니다.
⑤ 여러분과 함께 해서 행복했습니다.

❹ 작성한 내용을 돌아가며 발표한다. 발표가 끝나면 다 같이 축하의 박수를 친다. 발표자에게 도움을 준 사람들은 기분이 어떤지 말한다.

"윤지의 말을 듣고 어떤가요?"

❺ 활동 과정에서의 소감을 발표한다.

"활동을 하면서는 어땠고, 지금은 어때?"

TIP

❶ 학생이 자신의 성장한 부분을 잘 찾지 못한다면 교사가 찾아주거나 주변 친구들에게 "○○이는 어떤 점이 변했나요?"라고 질문해서 답을 찾아갈 수 있게 한다.

❷ 학생들이 진심을 담아 축하의 박수를 보낼 수 있도록 지도한다.

성장 누리기

❶ 저는 1년 동안 ＿＿＿＿＿＿＿＿＿＿＿＿＿＿ 하게 성장했습니다.

❷ 이것을 떠올리면 저는 ＿＿＿＿＿＿＿＿＿＿＿＿＿＿＿ 한

사람이라는 생각이 듭니다.

그리고 ＿＿＿＿＿＿＿＿＿＿＿＿＿＿＿ 합니다.

❸ 이렇게 될 수 있도록 도움 준 사람은 ＿＿＿＿＿＿ 입니다.

❹ 도움을 준 ＿＿＿＿ 은 ＿＿＿＿＿＿＿＿＿ 합니다.

❺ (하고 싶은 말) ＿＿＿＿＿＿＿＿＿＿＿＿＿＿＿

＿＿＿＿＿＿＿＿＿＿＿＿＿＿＿＿＿＿＿＿ .

배움은 관계 위에 춤춘다

학급의 담임이자 사회과 수업교사로
적용해온 활동을 소개하고자 한다.

배움은 자기 삶의 경험과 연결되고
삶으로 확장될 때 촉진된다.

교실의 관계가
배움을 촉진한다고 여기는 교사들에게
도움이 되었으면 좋겠다.

PART

02

공감교실
중등

첫 만남
'이런 기분 나도! 나만!'

프롤로그

학년 초 아이들과의 첫 시간, 교사인 나도 설레고 기대되는 한편 낯설고 긴장되는 마음이다. 아이들 또한 학년 초에 느끼는 다양한 감정들이 있을 텐데, 서로 이야기를 주고받을 만큼 친해지지 않아 조심스러운 눈치다. 반 친구들과도 서먹한 첫 수업 시간, 학년 초에 느끼는 감정과 생각을 주고받아 서로를 알아나가고 조금씩 편해지고 친해지는 기회가 되기를 바라는 마음으로 활동을 구상하였다.

목적

❶ 학년 초 '우리 반을 떠올리면' 드는 기분(감정)과 그 이유(생각)를 찾아 말함으로써 자신의 감정과 생각을 자각하고 표현할 수 있다.

❷ 친구의 감정과 생각을 듣고 친구에 대해 알게 되어 친밀감이 형성될 수 있다.

❸ 같은 감정을 느끼는 친구들끼리 공감대가 형성되어 서로 친근함을 느낄 수 있다.

공감교실 어떻게 가꿀까?

❹ 다른 감정을 느끼는 친구가 있을 때 그 친구를 이해하는 기회로 삼는다.

준비

- **준비물**　　　　　감정 단어 목록
- **시　간**　　　　　20분
- **인원 및 형태**　　짝 활동, 전체 활동

흐름

❶ 활동의 목적을 안내한다.

"우리 반을 떠올리면 드는 기분과 이유를 찾아 친구들과 이야기를 나누면서 서로에 대해 알아가는 시간이 되길 바랍니다."

❷ 의자를 하나의 원으로 놓고 둘러앉는다. 이때 책상은 교실 한쪽으로 치운다.

❸ 감정 단어 목록에서 '우리 반을 떠올리면' 드는 기분(감정)을 찾아 모두 ○표 하고 그 기분(감정)이 드는 이유를 생각해 본다.

　[감정] "우리 반을 떠올리면 나는 어색해."
　[이유] "왜냐하면 우리 반에 친한 애들이 별로 없기 때문이야."

❹ 찾은 감정과 이유를 옆에 앉은 친구와 짝을 이루어 이야기한다.

❺ 짝과 이야기 나눈 감정 중 하나를 발표한다.

❻ 다른 사람이 발표한 감정을 듣고 자신도 느낀 감정이라면 '나도!'라고 외치며 일어난다. 아무도 일어나지 않으면 발표한 사람이 '나만!'이라고 외치며 일어난다.

❼ '나도!'라고 외치며 일어난 아이들 중에 그 감정이 들었던 이유를 발표한다.

❽ 한 명씩 지금 이 순간 느낀 감정(기분)을 말한다.

❾ 활동 과정에서의 소감을 전체에서 발표한다. 이때 발표자의 수는 남은 시간에 따라 조정한다.

TIP

❶ 다양한 주제로 활동할 수 있다.

'나를 떠올리면', '우리 가족을 떠올리면', '나의 미래를 떠올리면' 등

❷ 학기 초 첫 만남 활동뿐만 아니라, 다양한 상황에서 활용할 수 있다.

공감교실 어떻게 가꿀까?

💬 감정 단어

가볍다. 감동적이다. 고맙다. 기대되다. 기쁘다. 긴장이 풀린다. 놀라다. 두 근거리다. 만족스럽다. 반갑다. 부럽다. 뿌듯하다. 사랑스럽다. 서럽다. 설레다. 시원하다. 신나다. 안심되다. 편안하다. 행복하다. 힘나다. 걱정된다. 귀찮다. 긴장되다. 답답하다. 당황스럽다. 막막하다. 망설여지다. 무기력하다. 무섭다. 미안하다. 밉다. 부끄럽다. 부담스럽다. 분하다. 불안하다. 불편하다. 섭섭하다. 속상하다. 슬프다. 실망스럽다. 싫다. 심심하다. 쑥스럽다. 아쉽다. 안타깝다. 얄밉다. 어색하다. 피곤하다. 허전하다. 혼란스럽다. 화나다. 후회스럽다. 힘들다. (그 외)

내가 바라는 우리 반

프롤로그

3월이면 서로 몰랐던 아이들이 교실에 모여 학급 생활을 시작하게 된다. 아이들은 각자 바라는 우리 반의 모습과 우리 반에서의 자기 모습이 있을 것이다. 이 모습들이 드러난다면 서로 이해하는 기회가 될 것이라는 생각에 활동을 구상하였다. 각자가 바라는 우리 반의 모습을 공유하고, 함께 지켜지길 바라는 것은 무엇인지 이야기를 나누면서 공통되는 부분을 찾는다면 학급 아이들의 마음을 모으는데 도움이 될 것이다. 이 활동이 아이들에게 우리 반과 우리 반에서 바라는 자기 모습을 능동적으로 만드는 힘을 기르는 첫걸음이되면 좋겠다. 아이들이 우리 반과 자기 모습을 만들어 나가는 주체로 나서길 바란다.

목적

❶ 스스로에게, 우리 반에게 바라는 모습을 찾아 발표함으로써 서로를 이해하는 기회가 된다.

공감교실 어떻게 가꿀까?

❷ 내가 바라는 우리 반의 모습을 찾아 발표함으로써 스스로를 이해하고, 바라는 바를 해나가는 힘을 기른다.

❸ 내가 우리 반에서 하고 싶은 것을 찾아 발표함으로써 능동적인 태도와 주체성을 기른다.

❹ 우리 반에서 아이들과 함께 해나가고 싶은 것을 찾아 발표하여 반 친구들과 공유하고 공감대를 형성하는 기회로 삼는다.

준비

- **준비물**   활동지(내가 바라는 우리 반)
- **시 간**   45분
- **인원 및 형태** 짝 활동, 전체 활동

흐름

❶ 활동의 목적을 안내한다.

"내가 바라는 우리 반의 모습과 내가 어떤 모습으로 우리 반에서 생활하고 싶은지 찾아보는 시간이 되길 바랍니다."

❷ 활동지를 작성한다.

① 나는 우리 반이 서로 배려하는 반이 되었으면 좋겠어.

② 나는 우리 반에서 힘든 친구를 배려해주고 싶어. 친구를 배려하는 내가 되고 싶어.

③ 나는 우리 반에서 우리가 서로 배려해주면 좋겠어.
    나는 우리 반 아이들이 나를 배려해주었으면 좋겠어.

❸ 작성한 활동지의 내용을 짝에게 들려준다. 이때 짝은 입으로 듣기[6]를 한다.

❹ 짝이 말한 것을 전체에서 발표한다. 이때 교사는 피드백, 연결 질문 등으로 촉진한다. 이때 발표한 내용을 칠판에 적으며 비슷한 것끼리 묶는다.

[피드백]　　"서로 배려해주는 반이 되면 좋겠다는 민희 말을 듣고 선생님은 반가워."

[연결 질문]　"민희 말 듣고 여러분은 어때요?"

❺ 짝이 '내가 말한 대로 들어주고 말해주었을 때' 기분이 어땠는지 짝에게 말한다.

❻ 활동 과정에 대한 소감을 전체에서 발표한다.

❼ 작성한 활동지는 게시하여 공유한다.

TIP

❶ 1학기 초, 2학기 초에 활용할 수 있다.

❷ 친구의 말을 입으로 듣기 하여 공감하는 말법을 익히고, 공감받는 경험을 통해 공감의 태도를 지닐 수 있다.

6　입으로 듣기는 상대방의 말을 듣고 '내가 어떻게 알아들었는지' 말로 언급해서 상대가 "맞아요." 하는 반응을 보이도록 하는 적극적인 듣기로 사실·생각 듣기, 기분 듣기, 성격 듣기, 본심 듣기가 있다. 본 활동에서는 사실·생각 듣기를 하였다.

내가 바라는 우리 반

❶ 나는 우리 반이 이런 반이 되었으면 좋겠어.

_____

❷ 나는 우리 반에서 이렇게 하고 싶어. 이런 모습의 내가 되고 싶어.

_____

❸ 나는 우리 반에서 우리가 이렇게 해갔으면 좋겠어. 우리 반 아이
들이 이렇게 해주었으면 좋겠어.

_____

☞ **'친구가 말한 대로 들어주고 말하기' 연습**

A : 나는 우리 반이 ~반이 되었으면 좋겠어.

B : 네 말은 우리 반이 ~반이 되었으면 좋겠다는 거지?

A : 응, 우리 반이 ~반이 되었으면 좋겠어.

☞ **친구가 '내가 말한 대로 들어주고 말해주었을 때' 기분이 어
땠나요?**

_____

나와 너를 알아가는 에고그램

프롤로그

3월, 아이들은 나와 다른 낯선 친구들을 만나게 된다. 교사의 입장에서도 새로운 아이들, 학부모님들과 관계를 맺게 된다. 이때 자기 자신과 상대를 이해하고 대응해가는 정도와 방식에 따라 안전하고 따뜻하고 신뢰로운 관계가 만들어질 수도 있고, 그와 반대로 갈등이 깊어지고 해결하지 못한 채 관계가 어긋날 수도 있다. 에고그램[7]은 스스로를 이해하고, 나와 다른 친구들과 좋은 관계를 맺고 유지하기 위한 출발점이 될 수 있다.

목적

❶ 에고그램 성격검사를 통해 자신과 친구들의 성격 특성을 이해한다.

❷ 성격타입별 공통점 찾기 활동을 통해 친밀감을 형성한다.

---

7 에고그램은 미국의 심리학자 J.M.듀세이가 고안한 성격분석 표지법이다. 미국의 정신분석학자 에릭 번이 개발한 교류분석법(TA)을 기초로 한다. TA는 5가지 자아상태(CP, NP, A, FC, AC) 중 어느 자아상태를 발휘하는가에 따라 행동이 달라진다고 규정하고 있다.

❸ 성격 특성에 따라 듣고 싶은 말을 요청하고 말하는 과정에서 상대의 특성에 따라 대화하는 시간을 갖는다.

❹ 자신과 타인의 성격 특성을 파악하고 좋은 관계를 형성하는 방법을 경험한다.

준비

- **준비물**　　　　에고그램 검사지,
　　　　　　　　활동지 1(사전활동), 활동지 2(사후활동)
- **시　간**　　　　90분
- **인원 및 형태**　개인 활동, 모둠 활동, 전체 활동

흐름

❶ 활동의 목적을 안내한다.

"에고그램 성격검사를 통해 스스로와 친구들을 이해하고 알아가는 시간이 되길 바랍니다."

❷ 에고그램 검사를 실시하고 〈활동지 1〉을 작성한다.

에고그램으로 '나'와 '다른 사람' 이해하기(사전활동) ─────

① 내가 생각하는 나의 장점

② 내가 생각하는 나의 바꾸고 싶은 점

③ 나는 이런 사람이 좋다.

④ 나는 이런 사람이 불편하다.

⑤ 내가 듣고 싶은 말 또는 들으면 기분 좋은 말

⑥ 내가 듣기 싫은 말 또는 들으면 기분이 나쁜 말

※ 나의 에고그램 점수

CP		NP		A		FC		AC

❸ 에고그램 점수를 취합하고 성격타입별로 모둠을 나눈다.

모둠 구성

① 먼저 가장 높은 점수(주경향)로 나눈다. 모둠 적정 인원은 4~6명

② 모둠의 인원이 적정 인원보다 많은 경우, 두 번째 높은 점수(부경향)를 기준으로 다시 나눈다.

예 NP 9명 : NP(주경향)-A(부경향) 5명, NP-FC 4명으로 나누어 모둠 구성

❹ 성격타입별 모둠 활동을 실시한다.

성격타입별 공통점 찾기

① 우리들의 장점, 단점

② 우리가 듣고 싶은 말, 듣기 싫은 말

③ 우리가 듣고 싶은 말, 듣기 싫은 말

예 FC : "오, 멋진데?"

❺ 우리 모둠의 공통점을 발표한다. 우리 모둠이 가장 듣고 싶은 말을 학급 전체에게 요청한다.

❻ 우리 모둠이 듣고 싶은 말을 쪽지에 써서 게시판에 게시한다.

❼ 〈활동지 2〉를 작성한다.

나는 _____ 을 보고/듣고 _____ 기분이다.

왜냐하면 _____ 때문이다.

※ 에고그램 활동 과정에서 느낀 점, 새롭게 알게 된 점, 배운 점 등을

공감교실 어떻게 가꿀까?

적어보세요.

❽ 〈활동지 2〉 작성을 바탕으로 활동 과정에서의 소감을 전체에서
발표한다.

TIP

❶ 에고그램 자아 상태의 특색을 안내한다.

P	Critical Parent 비판적 어버이	Nurturing Parent 양육적 어버이
	이상, 양심, 정의감, 권위, 도덕적	동정, 위로, 공감, 보호, 관용
Adult 어른	지성, 이성, 정보수집, 사실에 입각한 판단, 분석적 사고	
C	Free Child 자유로운 어린이	Adapted Child 순응하는 어린이
	천진난만, 자유스런 감정표현, 직관력, 창조의 원인	참음, 타협, 신중, 착한 아이, 타인의 기대에 따르려고 노력

❷ 에고그램 검사로 '라벨링'하거나 '낙인찍기'하지 않도록 유의사
항을 안내한다.

❸ 학생 상담 및 학부모 상담 자료로 활용할 수 있다.

Ego-gram 검사지(학생용)

1. 흰색 칸에 각 문항에 대한 점수를 1점에서 5점까지 부여합니다.

2. 같은 세로줄에 있는 점수들을 모두 더해서 합계 점수란에 적어주세요.

- 5점 : 언제나 그렇다(매우 긍정)
- 4점 : 자주 그렇다(약간 긍정)
- 3점 : 그저 그렇다(보통)
- 2점 : 가끔 그렇다(약간 부정)
- 1점 : 거의 그렇지 않다(매우 부정)

문항	CP	NP	A	FC	AC
1. 당신은 남을 돌보기를 좋아합니까?					
2. 당신은 예절·태도에 대해 엄격한 교육을 받았습니까?					
3. 당신은 기쁘거나 슬플 때 표정이나 몸짓 등으로 자유롭게 표현합니까?					
4. 당신은 어떤 일을 맡으면 효과적으로 빨리 잘 처리해 갑니까?					
5. 당신은 다른 사람이 길을 물으면 친절히 가르쳐 줍니까?					
6. 당신은 '…을 해야 한다.', '…을 하지 않으면 안된다.' 등과 같은 표현을 합니까?					
7. 당신은 열등감(내가 다른 사람보다 못하다는 느낌)이 있습니까?					
8. 당신은 친구에게 무엇이든 사주기를 좋아합니까?					
9. 당신은 그림을 그리거나 노래 부르기를 좋아합니까?					

10. 당신은 곧잘 숫자나 자료를 이용해서 이야기 합니까?

11. 당신은 무리를 해서라도 남에게 잘 보이려고 노력합니까?

12. 당신은 싫은 것을 싫다고 그 자리에게 말합니까?

13. 하고 싶은 말이 있을 때 상대방의 말을 가로막고 자신의 생각을 말합니까?

14. 당신은 슬프거나 우울한 기분이 드는 적이 있습니까?

15. 당신은 봉사활동에 앞장섭니까?

16. 당신은 독서를 합니까?

17. 당신은 의존심(다른 사람에게 기대고 의지하는 마음)이 강합니까?

18. 당신은 남을 동정하고 이해하는 따뜻한 마음을 중요시 합니까?

19. 당신은 남의 표정을 살피면서 말하거나 행동하는 버릇이 있습니까?

20. 당신은 어떤 일을 하기 전에 손해와 이익을 따져서 합니까?

21. 당신은 '아하!', '멋지다!', '좋아!' 등 감탄사를 잘 씁니까?

22. 텔레비전이나 영화를 볼 때 슬픈 장면이 나오면 눈물을 잘 흘립니까?

23. 당신은 싫은 것은 싫다고 말하지 못하고 참습니까?

24. 당신은 교통규칙이나 공중도덕을 잘 지킵니까?					
25. 당신은 무슨 일에나 호기심이 강합니까?					
26. 당신은 동생이나 어린 아이를 보면 예뻐합니까?					
27. 당신은 남자 친구나 여자 친구에게 자유롭게 말할 수 있습니까?					
28. 당신은 다른 사람을 얕보는(낮추고 무시하는) 경향이 있습니까?					
29. 대화할 때 곧은 자세로 상대의 얼굴을 똑바로 보면서 이야기합니까?					
30. 다른 사람이 당신에게 실수를 했을 때 원망하지 않고 용서합니까?					
31. 당신은 그럴듯하게 변명하거나 핑계를 잘 댑니까?					
32. 다른 사람이 당신에게 잘못을 저지를 경우 좀처럼 용서하지 못합니까?					
33. 당신은 얌전한 체 하는 것이 매우 싫습니까?					
34. 당신은 '왜', '어떻게'라는 말을 씁니까?					
35. 당신은 무슨 일에나 불평불만을 나타냅니까?					
36. 당신은 옛날부터 내려오는 전통을 소중히 여깁니까?					
37. 당신은 농담이나 남에게 장난치는 것을 좋아합니까?					

질문	CP	NP	A	FC	AC
38. 당신은 상대방의 이야기를 잘 듣습니까?					
39. 당신은 무슨 일을 할 때 좀처럼 결심을 할 수 없어 머뭇거립니까?					
40. 당신은 의견을 명확히 주장합니까?					
41. 당신은 말이나 행동을 냉정하고 침착하게 합니까?					
42. 당신은 밝고 명랑하게 행동합니까?					
43. 당신은 다른 사람으로부터 부탁을 받으면 거절하지 못합니까?					
44. 어떤 것을 결정하거나 판단을 내릴 때 여러 사람의 의견을 듣고 합니까?					
45. 당신은 다른 사람의 장점보다 결점(부족한 점)이 눈에 잘 띕니까?					
46. 뜻대로 일이 잘 되지 않는다는 느낌(좌절감)을 맛볼 경우가 있습니까?					
47. 평소의 생활이나 소풍 등 행사를 할 때 미리 치밀한 계획을 세워서 합니까?					
48. 당신은 창의적인 생각을 합니까?					
47. 당신은 책임감이 강하고 약속 시간을 꼭 지킵니까?					
50. 당신은 무엇이든 모르는 것이 있으면 다른 사람에게 묻거나 상의합니까?					

합계점수	CP	NP	A	FC	AC

에고그램으로 '나'와 '다른 사람' 이해하기(사전활동)

❶ 내가 생각하는 나의 장점

....

❷ 내가 생각하는 나의 바꾸고 싶은 점

....

❸ 나는 이런 사람이 좋다.

....

❹ 나는 이런 사람이 불편하다.

....

❺ 내가 듣고 싶은 말 또는 들으면 기분 좋은 말

....

❻ 내가 듣기 싫은 말 또는 들으면 기분이 나쁜 말

....

※ 나의 에고그램 점수

CP		NP		A		FC		AC	

에고그램으로 '나'와 '다른 사람' 이해하기(사후활동)

👆 **에고그램 활동 과정에서 느낀 나의 감정(기분)을 모두 ○표 하세요.**

가볍다. 감동적이다. 고맙다. 기대되다. 기쁘다. 긴장이 풀린다. 놀라다. 두근거리다. 만족스럽다. 반갑다. 부럽다. 뿌듯하다. 사랑스럽다. 서럽다. 설레다. 시원하다. 신나다. 안심되다. 편안하다. 행복하다. 힘나다. 걱정된다. 귀찮다. 긴장되다. 답답하다. 당황스럽다. 막막하다. 망설여지다. 무기력하다. 무섭다. 미안하다. 밉다. 부끄럽다. 부담스럽다. 분하다. 불안하다. 불편하다. 섭섭하다. 속상하다. 슬프다. 실망스럽다. 싫다. 심심하다. 쑥스럽다. 아쉽다. 안타깝다. 얄밉다. 어색하다. 피곤하다. 허전하다. 혼란스럽다. 화나다. 후회스럽다. 힘들다. (그 외)

👆 **위 표시한 감정 중에서 가장 큰 감정을 골라 다음 내용을 적어보세요.**

나는 ....을 보고/듣고 ....기분이다.

왜냐하면 ....때문이다.

👆 **에고그램 활동 과정에서 느낀 점, 새롭게 알게 된 점, 배운 점 등을 적어보세요.**

....

세상을 보는 눈,
나의 감정-생각 찾기

프롤로그

이 활동은 사회과 교사로서 수업을 통해 공감교실을 가꾸어 가려고 했던 시도이다. 아이들은 수업 내용을 자기와는 상관없는 이야기로 여기고 추상적인 정보로 받아들일 뿐 크게 관심이 없어 보였다.

고민 끝에 인간과 환경 단원에서 수업 내용에 관한 동영상을 보고 자신의 경험과 삶의 역사가 담겨있는 주관적 정서를 찾아 표현함으로써 영상의 메시지를 의미 있게 받아들이도록 수업을 구상하였다. 아이들이 환경의 중요성을 자기 삶과 생생하게 연결하고, 필요성을 의미 있게 받아들여 환경과 더불어 살아가는 마음이 키워지길 바란다. 아이들이 사회 현상에 대한 다양한 관점을 존중하고 차이가 있음을 수용하게 되면 좋겠다. 교사인 나도 아이들의 시각과 관점을 받아들여 관점을 넓혀가고 싶다.

목적

❶ 인간에 의해서 환경이 파괴된 동영상을 보고 드는 감정과 그 감

정의 이유를 찾아 표현함으로써 환경의 변화에 대해 자기 삶과 연결하여 의미 있게 받아들이도록 한다.

❷ 다른 친구들의 감정과 생각을 듣고 다양한 관점을 접하며 사고의 폭이 넓어지게 한다.

❸ 교사도 자신의 감정과 생각을 표현하고 아이들의 발표를 듣는 과정을 통해 다양한 관점을 접하고 사고의 폭을 넓힌다.

준비

- **준비물**　　　　活동지(사실-감정-생각 찾기), 동영상
- **시 간**　　　　45분
- **인원 및 형태**　　짝 활동, 전체 활동

흐름

❶ 동영상을 함께 본다.

〈동영상 1〉 '사라진 숲' 내용 줄거리 ─────────

지구 전체 산소량의 1/4을 공급하는 아마존 밀림이 곳곳에서 마구잡이 도벌이 이루어져 숲이 사라져 가고 있다. 삼림을 베어낸 곳에서 불법 재배된 콩은 유럽 닭공장 사료로 쓰이고 이 닭고기는 미국 패스트푸드점에 팔린다. 지구의 허파 기능을 하는 아마존이 기능을 상실해가고 지구온난화가 급속히 진행되고 있다. 아마존 밀림에 조상대대로 살아온 원주민들은 아마존에 나무가 사라지자 삶의 터전을 잃게 되었고, 직사광선에 눈이 노출되어 시력을 잃는 사람들이 늘어나고 있다.

〈동영상 2〉'얼음 위를 걷고 싶어요.' 내용 줄거리 —————

케나다 북부 허드슨만의 작은 마을인 처칠은 '전 세계 북극곰의 수도'로 알려져 있다. 북극곰들은 이곳에서 북극해와 이어지도록 앞바다가 얼기를 기다리지만 얼음의 마을 처칠에 비가 내리고 빙하가 녹아 들어간다. 북극곰들은 생존의 터전 빙하가 사라져 먹잇감을 찾으러 떠날 수가 없게 되었고 갈 곳 잃은 북극곰은 동물원에서 버둥거린다. 줄어든 빙하의 여파로 지난 10년간 북극곰이 지속적으로 감소하였고 먹이사냥을 위해 100Km이상으로 수영해야 하는 북극곰들의 익사 사례가 늘고 있다.

❷ 동영상을 보며 느낀 기분(감정)을 모두 찾아 ○표 한다.

❸ 가장 큰 감정 2개를 고르고 그 감정을 불러일으킨 생각을 찾아 적는다.

〈활동지 내용〉 —————

① 나는 .... 을 보고(듣고) .... 기분(감정)이야.

　왜냐하면 .... 라고 생각하기 때문이야.

② 나는 .... 을 보고(듣고) .... 기분(감정)이야.

　왜냐하면 .... 라고 생각하기 때문이야.

❹ 작성한 활동지 내용을 2인 1조로 이야기를 나눈다.

❺ 작성한 활동지 내용을 전체에게 발표한다. 아이들과 함께 교사도 감정과 생각을 찾아 발표한다. 이때 교사는 아이들이 상호작용으로 연결될 수 있도록 공감과 인정, 피드백과 연결 질문 등으로 촉진하여 정서적 경험이 확장될 수 있게 한다.

❻ 활동 과정에서의 소감을 전체에서 발표한다.

TIP

❶ 수업 내용과 관련 있는 다양한 주제의 동영상을 보고 활동할 수 있다. 이때 동영상은 아이들의 삶의 경험을 자극하는 내용을 선정하도록 한다.

❷ 동영상을 보고 감정을 찾을 때 구체적인 장면에 초점을 맞추도록 하여 경험을 구체화하고 생생하게 연결되도록 한다.

사실-감정-생각 찾기

❶ **[사실-감정]** 나는 ....보고(듣고) ....기분(감정)이야.

　[생각] 왜냐하면 .... 라고 생각하기 때문이야.

❷ **[사실-감정]** 나는 ....보고(듣고) ....기분(감정)이야.

　[생각] 왜냐하면 .... 라고 생각하기 때문이야.

💬 **감정 단어**

가볍다. 감동적이다. 고맙다. 기대되다. 기쁘다. 긴장이 풀린다. 놀라다. 두근거리다. 만족스럽다. 반갑다. 부럽다. 뿌듯하다. 사랑스럽다. 서럽다. 설레다. 시원하다. 신나다. 안심되다. 편안하다. 행복하다. 힘나다. 걱정된다. 귀찮다. 긴장되다. 답답하다. 당황스럽다. 막막하다. 망설여지다. 무기력하다. 무섭다. 미안하다. 밉다. 부끄럽다. 부담스럽다. 분하다. 불안하다. 불편하다. 섭섭하다. 속상하다. 슬프다. 실망스럽다. 싫다. 심심하다. 쑥스럽다. 아쉽다. 안타깝다. 얄밉다. 어색하다. 피곤하다. 허전하다. 혼란스럽다. 화나다. 후회스럽다. 힘들다. (그 외)

친구 이야기 듣고 피드백하기

프롤로그

지형과 기후에 관한 수업을 준비하면서 고민에 빠졌다. 교과서에 나와 있는 지역의 지식과 정보를 나열하여 알려주는 수업이 늘 아쉬웠기 때문이다. 자기 삶과 밀접하게 맞닿아 있을 때 내용을 잘 받아들이게 되고 몰입하게 될 텐데 아이들은 교과서 속의 지역에 대해 도통 관심이 없어 보였다.

그래서 인상 깊은 여행지의 경험을 떠올려 수업 내용과 연결시키는 것을 시도해 보았다. 또 친구의 발표를 듣고 서로의 경험과 생각을 공유하는 상호작용이 일어나도록 촉진하였다. 아이들의 경험이 나누어져 그 속에서 서로를 알게 되고 경험과 사고의 폭이 넓어지길 바라는 마음이다.

목적

❶ 인상 깊었던 여행지를 떠올려 자신의 체험 속에서 감정과 그 감정의 이유를 찾아 말함으로써, 과거의 체험을 현재와 정서적으

로 연결하여 생생한 학습이 되도록 한다. 이 과정에서 학습 내용과 자기 삶의 경험을 연결시켜 의미 있게 받아들이고 이해하게한다.

❷ 내가 가고 싶은 여행지를 찾아 말하고 바라는 본심을 이루었을때 기분을 찾아 표현한다. 미래의 경험에 대해 상상하고 구체적으로 떠올려 지금 여기의 정서와 연결할 수 있다. 이를 통해 미래의 삶에서 배움을 적용하거나 실행해 나갈 수 있도록 한다.

❸ 친구의 발표에 대해 입으로 듣기로 반응하여 아이들 간에 상호작용이 이루어지고 사고와 경험의 폭이 넓어지게 한다.

❹ 감정 자각하여 표현하기, 본심 찾아 말하기, 입으로 듣기를 통해 공감 소통 역량을 기른다.

준비

- **준비물**　　　　　활동지(인상 깊은 여행지)
- **시　간**　　　　　45분
- **인원 및 형태**　　짝 활동, 4인 모둠 활동, 전체 활동

흐름

❶ 활동지를 작성한다.

〈활동지 내용〉 ─────────────────────────

① 내가 가장 인상 깊었던 여행지는 프랑스야. 그 여행에서 나는 프랑스의 역사를 체험하고 부러운 기분이 들었어.

② 내가 가장 가보고 싶은 여행지는 경주야. 이곳에 가면 나는 설레는

기분이 들 것 같아.

❷ 발표자의 발표에 대해 다른 아이들이 반응하는 방법을 안내한다.

〈반응 방법〉────────────────────────

① 네 말은 ~라는 말이지?

② 네 말을 듣고 나는 ~기분이야. 왜냐하면 ~

❸ 작성한 활동지를 발표하고 다른 아이들이 반응하여 서로 상호작용하는 시간을 갖는다.

❹ 활동 과정에서의 소감을 전체에서 발표한다.

TIP

❶ 다양한 경험을 주제로 활동할 수 있다.

예 올해 나에게 가장 인상 깊었던 수업

❷ 2인 1조, 4인 1조 모둠 활동으로 할 수 있다.

인상 깊은 여행지 찾기

❶ 내가 가장 인상 깊었던 여행지는 _____ (이)야.

그 여행에서 나는 _____ 을 체험하고(보고, 듣고)

_____ 기분이 들었어.

❷ 내가 가장 가보고 싶은 여행지는 _____ (이)야.

그 곳에 가면 나는 _____ 기분이 들 것 같아.

💬 **감정 단어**

가볍다. 감동적이다. 고맙다. 기대되다. 기쁘다. 긴장이 풀린다. 놀라다. 두근거리다. 만족스럽다. 반갑다. 부럽다. 뿌듯하다. 사랑스럽다. 서럽다. 설레다. 시원하다. 신나다. 안심되다. 편안하다. 행복하다. 힘나다. 걱정된다. 귀찮다. 긴장되다. 답답하다. 당황스럽다. 막막하다. 망설여지다. 무기력하다. 무섭다. 미안하다. 밉다. 부끄럽다. 부담스럽다. 분하다. 불안하다. 불편하다. 섭섭하다. 속상하다. 슬프다. 실망스럽다. 싫다. 심심하다. 쑥스럽다. 아쉽다. 안타깝다. 얄밉다. 어색하다. 피곤하다. 허전하다. 혼란스럽다. 화나다. 후회스럽다. 힘들다. (그 외)

네 마음을 들려줘!
감정 단어 카드

프롤로그

  아이들은 수업에서 어떤 심정이고 어떤 생각을 하고 있을까? 수업에서 느꼈던 감정을 찾아 말하면서 자연스럽게 수업에 대한 피드백을 하도록 감정 단어 카드 만들기 수업을 준비하였다. 아이들이 수업 시간에 각자가 느끼는 것을 찾아 말하고 서로의 이야기를 들으면서 앞으로 수업을 어떻게 일구어 나갈 것인지 찾을 수 있을 것이라는 기대가 되었다. 새로운 수업 구상을 위해 의미 있는 시간이 될 수 있도록 활동을 계획하였다.

목적

❶ 수업 시간에 자신이 느낀 감정과 그 감정을 느끼게 한 사실을 찾아 단어장으로 만들면서 수업에서의 자기 자신을 이해하는 시간을 갖는다.

❷ 감정 단어 카드에 적힌 '보고 들은 사실'을 듣고 친구가 느낀 감정을 맞추는 과정에서 수업에서 무엇을 느끼고 어떤 생각을 하

는지 알고 서로 이해하는 기회를 갖는다.

❸ 아이들이 수업 시간에 느끼는 감정을 듣고 이후 수업을 어떻게 만들어 나갈 것인지 구상에 활용할 수 있다.

준비

- **준비물**　　　　감정 단어 카드, 감정 단어 목록
- **시　간**　　　　20분
- **인원 및 형태**　짝 활동, 전체 활동

흐름

❶ 활동의 목적을 안내한다.

"그동안 수업 시간에 느꼈던 감정과 최근 느낀 감정을 찾아봅시다. 친구들이 수업 중에 느낀 감정을 듣고 수업 시간의 자기 자신과 친구들을 좀 더 이해할 수 있는 기회가 되길 바랍니다."

❷ 감정 단어 카드를 작성한다.

~을 보고, ~을 듣고	감정
수업 시간에 모둠원들이 칭찬해주는 말을 듣고	기쁘다.

❸ 작성한 감정 단어 카드를 모아 무작위로 한 장을 뽑는다.

❹ 카드에 적힌 '보고 들은 사실'을 전체에게 들려주고 카드 작성자는 어떤 감정이 들었을지 자유롭게 발표한다.

❺ 감정 단어 카드를 작성한 아이에게 어떤 감정이 들었는지 확인하고 그 감정이 들었던 이유를 발표한다.

❻ 활동 과정에서의 소감을 전체에서 발표한다. 교사는 아이들이 마음에 남는 감정 단어에 대해 듣고 느낀 것을 피드백하고 학생들 간에 상호작용이 이루어지도록 연결한다.

TIP

❶ 주제를 다양하게 주고 감정 단어 카드를 작성할 수 있다.
   예 최근 우리 반에서 느낀 감정, 최근 내가 느낀 부정 감정 등

❷ 학기말, 학년말에 자투리 시간에 아이들이 서로의 상태를 알거나 친밀해지는 활동으로 활용할 수 있다.

감정 단어 카드

~을 보고, ~을 듣고	감정

💬 **감정 단어**

가볍다. 감동적이다. 고맙다. 기대되다. 기쁘다. 긴장이 풀린다. 놀라다. 두근거리다. 만족스럽다. 반갑다. 부럽다. 뿌듯하다. 사랑스럽다. 서럽다. 설레다. 시원하다. 신나다. 안심되다. 편안하다. 행복하다. 힘나다. 걱정된다. 귀찮다. 긴장되다. 답답하다. 당황스럽다. 막막하다. 망설여지다. 무기력하다. 무섭다. 미안하다. 밉다. 부끄럽다. 부담스럽다. 분하다. 불안하다. 불편하다. 섭섭하다. 속상하다. 슬프다. 실망스럽다. 싫다. 심심하다. 쑥스럽다. 아쉽다. 안타깝다. 얄밉다. 어색하다. 피곤하다. 허전하다. 혼란스럽다. 화나다. 후회스럽다. 힘들다. (그 외)

역할 갈등 속 숨겨진 본심 찾기

프롤로그

'개인과 사회생활' 수업에서 아이들이 역할 갈등의 개념을 추상적으로 이해하는 것에 그치지 않고 자기 삶의 경험과 연결하여 이해할 수 있기를 바랐다.

사람들은 다양한 사회적 관계를 맺고 있기 때문에 역할 갈등은 누구나 겪게 된다. 어느 하나의 역할을 선택하기 위해 다른 역할을 포기해야 할 때 마음이 무겁고 불편해지기 마련이다. 마음리더십에서는 역할 갈등을 해결하는 방법으로 각각의 역할에 대한 본심을 찾고 둘 다 살리는 다살림을 모색한다.

아이들이 삶 속에서 경험한 역할 갈등 장면을 떠올리고 각각 역할의 본심을 찾아 다살림의 방법을 찾는 수업을 통해 여러 역할 속에서 자기 내면의 본심을 모두 살리는 길을 경험하길 바란다.

목적

❶ 자신의 삶 속에서 역할 갈등 경험을 떠올려 그 상황에서 느꼈던

감정을 찾아 말함으로써 역할 갈등 개념을 자기 삶과 연결하여 이해한다.

❷ 역할 갈등 장면에서 각각의 역할에 대한 감정, 생각, 본심을 찾아 말함으로써 스스로를 이해할 수 있다.

❸ 각각의 본심을 다 살리는 방법을 찾아 말함으로써 다살림 관점의 역할 갈등 해결 방법을 알 수 있다.

❹ 친구들의 역할 갈등 장면에서 각각의 역할에 대한 감정, 생각, 본심을 듣고 다른 사람에 대해 이해할 수 있다.

❺ 친구들의 역할 갈등 장면에서 선택의 이유를 듣고 다른 사람을 이해할 수 있다.

준비

- **준비물** 활동지 1(내가 경험한 역할 갈등),
  활동지 2(역할 갈등 속 본심 찾기)
- **시 간** 45분
- **인원 및 형태** 4인 모둠 활동, 전체 활동

흐름

❶ 〈활동지 1〉을 제시하여 내가 경험한 역할 갈등 장면을 떠올려 적고 역할 갈등에서 느꼈던 감정(기분)을 찾아 적는다.

〈활동지 1 내용〉————————

①-1 내가 경험한 역할 갈등 장면을 떠올려 적어봅시다.

내일까지 숙제를 해야 한다. 친구 생일파티에 초대받았다.

①-2 위의 역할 갈등이 발생했을 때 나의 감정(기분)은?

미안하고 망설여진다. 답답하다. 부담된다.

❷ 4인 모둠에서 역할 갈등의 경험과 역할 갈등이 발생했을 때 느꼈던 감정(기분)을 발표한다. 이때 모둠원은 기분 듣기로 반응한다.

"당황스러웠구나. 부담됐겠다."

❸ 〈활동지 2〉를 제시하여 각각의 역할을 수행할 때 드는 감정-생각-본심을 찾아 적고, 두 가지 역할에 대한 나의 본심을 모두 살리는 방법을 찾아 적는다.

〈활동지 2 내용〉 ────────────────────

②-1 A역할

나는 숙제를 하면 안심되고 편안한 기분이다.

왜냐하면 학교에 가서 쉬는 시간에 여유 있게 쉴 수 있을 것이라고 생각하기 때문이다.

내가 정말 바라는 것은 쉬는 시간에 여유 있는 것이다.

②-2 B역할

나는 친구 생일파티에 가면 즐겁고 기쁜 기분이다.

왜냐하면 친구가 기뻐하는 것을 보면 나도 기쁘고 계속 친하게 지낼 수 있을 것이라고 생각하기 때문이다.

내가 정말 바라는 것은 친구랑 계속 친하게 지내는 것이다.

③ 두 가지 역할에 대한 나의 본심을 모두 살리는 방법을 찾아 적어봅시다.

친구 생일파티에 갔다가 사정을 이야기하고 일찍 와서 숙제를 한다.

❹ 작성한 활동지 내용으로 모둠(4인)에서 이야기를 나눈다.

❺ 작성한 활동지 내용을 전체에게 발표한다.

❻ 활동 과정에서의 소감을 전체에서 발표한다.

TIP

❶ 역할 갈등[8] 개념에 맞게 경험을 떠올렸는지 확인한다.
❷ 기존의 역할 갈등 해결 방법과 마음리더십의 역할 갈등의 해결 방법의 차이를 숙지하여 안내한다.

기존의 역할 갈등의 해결 ────────────

역할의 우선순위를 정하여 중요한 것부터 처리해 나가거나, 여러 가지 역할 가운데 하나를 선택하는 것이 갈등을 해소하는 방법이다.

마음리더십의 역할 갈등의 해결 ────────────

각각의 역할에 대한 본심을 찾고 본심을 모두 살리는 방법을 찾아 갈등을 해결하는 방법이다.

---

8 역할 갈등은 한 사람에게 여러 가지 역할이 동시에 요구되어 이런 역할들이 충돌하여 서로 갈등을 일으키는 것을 말한다. 예를 들어 아들로서 기대되는 역할과 학급의 반장으로서 기대되는 역할이 서로 충돌하게 될 때 역할 갈등이라고 한다.

내가 경험한 역할 갈등

❶-1 내가 경험한 역할 갈등 장면을 떠올려 적어봅시다.

....

....

❶-2 위의 역할 갈등이 발생했을 때 나의 감정(기분)은?

....

....

💬 **감정 단어**

가볍다. 감동적이다. 고맙다. 기대되다. 기쁘다. 긴장이 풀린다. 놀라다. 두 근거리다. 만족스럽다. 반갑다. 부럽다. 뿌듯하다. 사랑스럽다. 서럽다. 설 레다. 시원하다. 신나다. 안심되다. 편안하다. 행복하다. 힘나다. 걱정된다. 귀찮다. 긴장되다. 답답하다. 당황스럽다. 막막하다. 망설여지다. 무기력하 다. 무섭다. 미안하다. 밉다. 부끄럽다. 부담스럽다. 분하다. 불안하다. 불편 하다. 섭섭하다. 속상하다. 슬프다. 실망스럽다. 싫다. 심심하다. 쑥스럽다. 아쉽다. 안타깝다. 얄밉다. 어색하다. 피곤하다. 허전하다. 혼란스럽다. 화 나다. 후회스럽다. 힘들다. (그 외)

역할 갈등 속 본심 찾기

❷-1 A역할

나는 .... 하면 .... 기분일 것이다.

왜냐하면 .... 라고 생각하기 때문이다.

내가 정말 바라는 것은 .... 이다.

❷-2 B역할

나는 .... 하면 .... 기분일 것이다.

왜냐하면 .... 라고 생각하기 때문이다.

내가 정말 바라는 것은 .... 이다.

❸ 두 가지 역할에 대한 나의 본심을 모두 살리는 방법을 찾아
적어봅시다.

....

....

공감교실 어떻게 가꿀까?

북한 친구들과 공감 대화

프롤로그

평화 통일 수업을 준비하면서 아이들에게 북한에 대해 관심을 갖게 할 방법을 찾고 싶었다. 그리고 통일이 되었을 때 남과 북의 차이를 받아들이고 서로 이해하려는 태도를 지니게 하고 싶었다. 고민 끝에 남과 북의 언어 차이로 인한 소통의 문제를 다루기로 하고, 북한말로 문장을 만들어 말하면 남한말로 입으로 듣기 하는 활동을 구상하였다. 남과 북의 생활과 문화적 차이가 점점 커져가면서 남북 언어 차이가 더욱 커지고 있다. 북한말을 입으로 듣기 활동을 통해 익히게 되면 통일된 이후 소통을 주도할 수 있을 것이다. 아이들에게 새롭고 흥미로운 경험이 될 것이라는 기대로 활동을 구상하였다.

목적

❶ 남한말과 북한말 단어 목록을 보고 남과 북의 언어 차이가 큼을 알 수 있다.

❷ 북한말로 문장을 만들고 남한말로 바꾸어 적는 활동으로 북한

말에 대한 관심과 흥미를 갖는다.

❸ 작성한 북한말 문장을 짝과 함께 입으로 듣기 활동을 하며 사용하는 단어가 달라도 뜻을 이해하고 알 수 있다.

❹ 전체에서 발표하고 작성한 문장을 모아 게시하여 공유함으로써 다양한 북한말을 익힌다.

❺ 북한말의 뜻을 이해하고 익혀서 남과 북의 소통을 주도적으로 할 수 있는 힘을 기른다.

❻ 북한말을 익히는 과정에서 북한에 대한 관심을 높인다.

준비

- **준비물**   활동지(북한말 문장 만들기)
- **시　간**   45분
- **인원 및 형태**   짝 활동, 전체 활동

흐름

❶ 남한말에 해당하는 북한말을 적은 단어 목록을 나누어주고 짝과 함께 읽는다. A가 북한말을 읽으면 B가 그에 해당하는 남한말을 읽는다.

❷ 목록을 읽은 소감을 전체에서 발표한다.

❸ 개별 활동으로 북한말로 문장을 만들고 남한말로 바꾸어 적는다. 주제를 가지고 5개의 문장을 만든다.

예 오늘 하루 있었던 일, 통일 신문 기사 만들기

❹ **작성한 글로 짝과 함께 입으로 듣기 활동을 한다.**

   A 나는 오늘 낮전에 거두매를 하고 가락지빵을 먹었어.

   B 네 말은 오늘 오전에 청소를 하고 도넛을 먹었다는 말이지?

   A 응, 맞아. 나는 오늘 낮전에 거두매를 하고 가락지빵을 먹었어.

❺ **짝과 함께 전체에서 시연한다.**

❻ **한 사람이 작성한 문장을 읽으면 전체가 입으로 듣기 한다.**

❼ **하는 과정에서의 소감을 전체에서 발표한다.**

❽ **작성한 글을 모두 게시한다.**

❾ **활동 과정에서의 소감을 전체에서 발표한다.**

TIP

❶ 작성한 글을 모아 통일신문을 만들어 게시할 수 있다.

❷ 북한말을 비하하지 않도록 지도한다.

북한말 문장 만들기

❶ 북한말로 문장을 만들어 봅시다.

....

❷ 위에서 작성한 문장을 남한말로 바꾸어 봅시다.

....

☝ '입으로 듣기(친구가 말한 대로 듣고 말하기)' 연습

A : 나는 오늘 아침 과일단물과 색쌈, 칼파스를 먹고 학교에 왔는
　　 데 오자마자 배가 아파서 위생실에 갔어.

B : 네 말은 오늘 아침 주스와 계란말이, 소시지를 먹고 학교에
　　 왔는데 오자마자 배가 아파서 화장실에 갔다는 말이지?

A : 응, 맞아. 나는 오늘 아침 과일단물과 색쌈. 칼파스를 먹고 학
　　 교에 왔는데 오자마자 배가 아파서 위생실에 갔어.

☝ 활동 소감

....

....

....

우리가 바라는 리더-팔로워의 성품

프롤로그

아이들에게 대의제의 꽃이라 할 수 있는 선거에 관심을 갖고 적극적으로 참여할 수 있는 동기를 불러일으키고 싶었다. 또, 정치 주체로서의 역할 중 하나인 좋은 대표를 선출할 수 있는 안목과 힘을 길러주고 싶었다. 그래서 리더로서 필요한 성품, 역량을 함께 찾고 공유하는 수업을 구상하였다.

한편 리더 뿐만 아니라 사회의 구성원 각자가 모두 자기 삶의 주인이고 주체다. 그래서 리더십을 발휘하게 만들고 리더를 북돋우며 서로 영향을 미치는 능동적이고 주체적인 팔로워로서 어떻게 하면 좋을지 함께 찾아보는 활동을 구상하였다.

목적

❶ 좋은 리더로서 필요한 성품, 능력, 모습을 찾아보고 좋은 리더가 많은 학급을 떠올려 봄으로써 좋은 리더를 선출할 수 있는 안목을 기른다.

❷ 리더를 북돋고 영향을 미치는 팔로워에게 필요한 성품, 능력, 모습을 찾아보고 좋은 팔로워가 많은 학급을 떠올려 봄으로써 리더 뿐만 아니라 팔로워의 주체적인 태도가 필요함을 알 수 있다.

❸ 우리 반이 잘 운영되기 위해서 리더와 팔로워 모두 능동적이고 주체적인 모습이 필요하며 그런 모습을 지닌 각자가 자기 삶의 주인이고 주체임을 알 수 있다.

준비

- **준비물**　　　　활동지 1(좋은 리더의 조건),
　　　　　　　　　활동지 2(좋은 팔로워의 조건)
- **시　간**　　　　45분
- **인원 및 형태**　4인 모둠 활동, 전체 활동

흐름

〈활동 1〉 좋은 리더로서의 성품, 능력, 모습 찾기 ──────────

❶ 〈활동 1〉의 목적을 안내한다.

"좋은 리더로서의 성품, 능력, 모습을 함께 찾고 좋은 리더를 선출하기 위한 안목을 기르는 시간이길 바랍니다."

❷ 4인 모둠을 구성한다.

❸ 리더로서 필요하다고 생각하는 성품, 능력, 모습을 찾고 그런 대표자를 뽑으면 예상되는 학급의 모습을 활동지에 적는다.

　〈활동지 1-1〉

❹ 모둠에서 발표하고 발표 내용으로 활동지를 작성한다.

〈활동지 1-2〉

❺ 모둠에서 찾은 좋은 리더로서의 성품, 능력, 모습을 전체에서 발표하고 공유한다.

〈활동 2〉 좋은 팔로워로서의 성품, 능력, 모습 찾기 ─────
❶ 〈활동 2〉의 목적을 안내한다.

"우리 반을 잘 이끌어 가려면 리더 한사람의 힘으로 가능할까요? 우리 반에서 대표자로 뽑힌 리더가 힘이 나게 하려면 우리는 어떻게 해보면 좋을까요? 우리 반이 잘 운영되도록 하려면 어떤 팔로워의 모습이 필요할지 찾아보는 시간이 되길 바랍니다."

❷ 리더를 북돋고 리더십을 발휘하게 할 팔로워의 성품, 능력, 모습을 찾고 그런 팔로워가 많을 때 예상되는 학급의 모습을 활동지에 적는다.

〈활동지 2-1〉

❸ 모둠에서 발표하고 발표 내용으로 활동지를 작성한다.

〈활동지 2-2〉

❹ 모둠에서 찾은 좋은 팔로워로서의 성품, 능력, 모습을 전체에서 발표하고 공유한다.

❺ 전체가 모여 우리 반 친구들 중에 좋은 리더, 좋은 팔로워의 모

습을 찾아 발표한다.

❻ 활동 과정에서의 소감을 전체에서 발표한다.

TIP

❶ 좋은 리더 혹은 좋은 팔로워로서의 성품, 능력, 모습을 예를 들어 설명한다. 자칫 외모 등으로만 판단하지 않도록 주의한다.

[성품] 리더는 성실해야 한다고 봐.

[능력] 사람들의 이야기를 잘 듣는 능력이 필요할 것 같아.

[모습] 리더는 자기가 한 말을 지키는 모습이 중요해.

❷ 아이들이 자주 사용하지 않는 성품 단어는 활동지에 목록으로 제시하여 활동에 도움이 되도록 한다.

좋은 리더의 조건

❶ 좋은 리더의 조건(성품, 능력, 모습 등)

_____

❷ 그런 리더를 뽑으면 예상되는 학급의 모습은?

_____

❸ 모둠에서 나온 리더의 조건들

_____

💬 성품 단어

개성이 있는, 겸손한, 공정한, 긍정적인, 끈기가 있는, 눈치가 빠른, 다정한, 리더십이 강한, 모범적인, 믿음직한, 배려심이 있는, 분명한, 상냥한, 섬세한, 성실한, 솔선수범하는, 솔직한, 수용적인, 순발력 있는, 신중한, 여유 있는, 열정적인, 용기 있는, 자신감이 있는, 자유로운, 재치 있는, 적극적인, 적응력이 뛰어난, 정의로운, 조화로운, 지혜로운, 착한, 참을성이 있는, 책임감이 강한, 체계적인, 친절한, 편견이 없는, 한결같은, 합리적인, 협조적인, 활발한, (그 외)

👆 활동 소감

_____

_____

모둠에서 나온 좋은 리더의 조건

(성품, 능력, 모습)

좋은 팔로워의 조건

❶ 좋은 팔로워의 조건(성품, 능력, 모습 등)

....

❷ 그런 팔로워가 있으면 예상되는 학급의 모습은?

....

❸ 모둠에서 나온 팔로워의 조건들

....

💬 성품 단어

개성이 있는, 겸손한, 공정한, 긍정적인, 끈기가 있는, 눈치가 빠른, 다정한, 리더십이 강한, 모범적인, 믿음직한, 배려심이 있는, 분명한, 상냥한, 섬세한, 성실한, 솔선수범하는, 솔직한, 수용적인, 순발력 있는, 신중한, 여유 있는, 열정적인, 용기 있는, 자신감이 있는, 자유로운, 재치 있는, 적극적인, 적응력이 뛰어난, 정의로운, 조화로운, 지혜로운, 착한, 참을성이 있는, 책임감이 강한, 체계적인, 친절한, 편견이 없는, 한결같은, 합리적인, 협조적인, 활발한, (그 외)

✋ 활동 소감

....

....

모둠에서 나온 좋은 팔로워의 조건

(성품, 능력, 모습)

10

한 사람의 보석, 성품 찾기

프롤로그

사회 교과는 사회 현상을 내용으로 다루지만 그 속에는 항상 많은 인물들이 등장한다. 아이들이 한 사람에 대해 관찰하고, 보여지는 말과 행동에서 그 사람의 보석 같은 성품을 찾아내 칭찬할 수 있다면 상대를 북돋을 수 있을 것이다. 뿐만 아니라 상대의 모습에서 영향을 받고 어떤 사람으로 성장하고 싶은지 배움으로 가져갈 수 있을 것이라는 생각으로 영상 속 타인의 성품 찾기 활동을 구상하였다.

목적

❶ 영상을 보고 드는 기분(감정)과 생각을 찾아 자기 자신의 감정과 생각을 자각하고 표현할 수 있다.

❷ 영상 속 인물의 말과 행동을 보고(듣고) 어울리는 성품을 찾아 성품 칭찬하기를 하여 상대를 칭찬 인정하는 힘을 기른다.

❸ 영상 속 인물에게 받은 영향을 찾아 자기 자신에게 어떤 배움이

일어났는지 찾고 발표를 통해 인식을 확장한다.

준비

- **준비물**　　　　활동지(영상 속 인물의 성품 찾기)
- **시　간**　　　　45분
- **인원 및 형태**　개인 활동, 전체 활동

흐름

❶ 활동의 목적을 안내한다.

"영상을 보고 영상 속 인물의 말과 행동에서 그 사람의 보석 같은 성품을 찾고 칭찬하는 시간을 가지려 합니다. 그 사람에게서 여러분은 어떤 영향을 받고 어떤 배움이 일어나는지 찾아보는 시간이 되길 바랍니다."

❷ 짧은 동영상을 본다.

　〈동영상〉 '그녀를 부르는 말 무민마마' 줄거리 ────────

　핀란드의 '국민 마마'로 사랑받는 최초의 여성 대통령이 된 타르야 할로넨. 핀란드 국민들은 친근하면서도 관례에 얽매이지 않고 정책에 있어서는 신중하고 단호한 할로넨 대통령을 동화에 등장하는 무민의 엄마 '무민마마'라고 부른다.

❸ 동영상을 보고 등장인물의 말과 행동을 보고(듣고) 어울리는 성품과 그 이유(근거)를 찾아 적는다.

　① 나는 "그녀는 평범한 핀란드 사람이고 내가 원하는 대통령이니까요." 라는 말을 듣고 부러운 기분입니다.

② 왜냐하면 우리나라에게도 필요한 대통령이라고 생각하기 때문입니다.

③ 영상 속의 인물인 할로넨 대통령은 사려 깊고 솔선수범하는 성품의 사람입니다.

④ 그렇게 생각한 이유는 국민을 먼저 생각하며 국민들이 믿을 수 있는 투명한 정치를 본인이 먼저 실천하기 때문입니다.

❹ 영상 속 인물에게 받은 영향을 찾아 적는다.

"올바른 성품을 가지고 베풀면 세상을 바꿀 수 있다는 희망을 느꼈다."

❺ 활동 과정에서의 소감을 전체에서 발표한다.

TIP

❶ 영화의 일부, 짧은 동영상, 짧은 이야기, 그림 동화 등을 보고 활동할 수 있다.

❷ 가족, 친구 등 주변의 인물을 대상으로 활동할 수 있다.

영상 속 인물의 성품 찾기

❶ 나는 .... 보고(듣고) .... 기분(감정)입니다.

❷ 왜냐하면 .... 생각하기 때문입니다.

❸ 영상 속 인물인 .... 은(는) .... 성품의 사람입니다.

❹ 그렇게 생각한 이유는 .... 입니다.

💬 **성품 단어**

개성이 있는, 겸손한, 공정한, 긍정적인, 끈기가 있는, 눈치가 빠른, 다정한, 리더십이 강한, 모범적인, 믿음직한, 배려심이 있는, 분명한, 상냥한, 섬세한, 성실한, 솔선수범하는, 솔직한, 수용적인, 순발력 있는, 신중한, 여유 있는, 열정적인, 용기 있는, 자신감이 있는, 자유로운, 재치 있는, 적극적인, 적응력이 뛰어난, 정의로운, 조화로운, 지혜로운, 착한, 참을성이 있는, 책임감이 강한, 체계적인, 친절한, 편견이 없는, 한결같은, 합리적인, 협조적인, 활발한, (그 외)

👆 **영상 속 인물에게 받은 영향**

....

....

....

있는 그대로의 널 칭찬해!

사실 칭찬 · 성품 칭찬

프롤로그

학급 모범학생을 선정하는 과정에서 담임의 추천만이 아니라 아이들의 추천을 함께 받는다. 그런데 아이들은 별 고민 없이 인기투표 하듯이 추천하는 것 같아 아쉬움이 컸다. 그래서 칭찬하기 활동지로 추천을 받았다. 보고 들은 사실을 근거로 사실 칭찬, 성품 칭찬하기 활동으로 추천받은 아이들은 추천한 이유를 듣고 더 기뻐했다. 그런데 추천을 받지 못한 아이들이 서운해하고 위축되는 것 같아 마음이 무거웠다. 아이들이 서로 칭찬을 주고받고 그 속에서 자존감과 자신감을 회복하게 되면 좋겠다. 또 칭찬하는 과정을 통해 서로를 북돋워 주는 관계가 되길 바란다. 이후에는 학급의 반장을 선출할 때 후보 추천에도 사실 칭찬, 성품 칭찬하기 활동을 활용하였다.

목적

❶ 모둠원의 말과 행동, 성품으로 칭찬하는 법을 익힌다.

❷ 모둠원들의 칭찬을 듣고 자존감과 자신감을 높인다.

❸ 모둠원들에게 드는 기분을 찾아 말함으로써 칭찬해준 친구들과의 관계를 친밀하게 한다.

❹ 친구의 말과 행동, 성품으로 모범학생을 추천한다.

준비

- **준비물**　　　활동지 1(사실 칭찬·성품 칭찬),
　　　　　　　　활동지 2(모범학생 추천),
　　　　　　　　활동지 3(반장 후보 추천)
- **시　간**　　　45분
- **인원 및 형태**　　4인 모둠 활동, 전체 활동

흐름

❶ 활동의 목적을 안내한다.

"그동안 함께 생활하며 보고 들은 모습 속에서 서로 칭찬해주고 북돋워주는 시간이 되길 바랍니다."

❷ 4인 모둠을 구성한다.

❸ 활동지를 제시하여 모둠 친구들의 칭찬할 점(잘하는 것, 좋아 보이는 행동, 좋은 성품)을 찾고 그 이유를 두 가지 찾도록 한다.

❹ 한 아이에 대해 3명의 모둠원이 찾은 칭찬할 점을 모두 들려준다.

❺ 친구들의 칭찬을 들은 아이는 지금 기분과 친구들에게 드는 기분을 찾아 말한다.

공감교실 어떻게 가꿀까?

❻ 전체가 모여 활동 과정에서의 소감을 발표한다.

❼ 사실-성품 칭찬하기 활동지를 작성하여 모범학생을 추천한다.

❽ 활동 과정에서의 소감을 전체에서 발표한다.

TIP

잘하는 것, 좋아 보이는 행동, 좋은 성품의 예를 들어 친구의 말과 행동, 성품으로 칭찬할 점을 찾도록 한다. 자칫 외모 등으로만 칭찬하지 않도록 한다.

사방칭찬 ─────────────────────────────

한 사람에 대해 독립적인 네 가지 종류의 칭찬을 하나로 통합하여 칭찬이 주는 다양한 효과를 모두 담고 활용성을 높인 기법이며 사실 칭찬, 성품 칭찬, 영향 칭찬, 질문 칭찬으로 이루어진다. 여기서 소개하는 활동은 사방칭찬 기법 중 사실 칭찬과 성품 칭찬 2가지를 활용하고 있다.

사실 칭찬·성품 칭찬

이름	칭찬할 점	이유 1	이유 2
김우주 (예시)	너는 모둠 활동에 잘 참여하는구나.	모둠 준비물을 먼저 챙겨주고	모둠 과제를 잊지 않도록 알려주었어.
강산들 (예시)	너는 성실하구나.	매일 우유를 학급에 가져다주었고	맡은 청소 구역을 열심히 했어.
모둠원 1			
모둠원 2			
모둠원 3			

🍎 칭찬할 점 (예)

잘하는 것, 좋아 보이는 행동

친구들을 잘 도와주는구나. 어른들께 인사를 잘하는구나. 반장으로서 학급을 잘 이끌어가는구나. 모둠 활동에 잘 참여하는구나. 봉사활동을 잘하는구나. 친구들을 즐겁게 해주는구나. 등등

좋은 성품

적극적인, 따뜻한, 합리적인, 논리적인, 당당한, 협조적인, 모범적인, 리더십이 강한, 센스 있는, 세밀한, 분명한, 영리한, 유머 있는, 순발력 있는, 협력적인, 조화로운, 꿈이 있는, 여유 있는, 너그러운, 확실한, 분명한, 믿을 수 있는, 능동적인, 솔선수범하는, 활발한, 착한, 인내심 있는, 자유로운, 참을성 있는, 끈기 있는, 꾸준한, 추진력 있는, 봉사적인, 체계적인, 개성 있는, 사려 깊은, 차분한, 자신감 있는, 친절한, 상냥한, 다정한, 적응력 있는. 등등

모범학생 추천

이름	칭찬할 점	이유 1	이유 2
홍길동 (예시)	너는 친구들을 잘 돕는구나.	아픈 친구와 보건실에 함께 가주고	친구에게 준비물을 나누어 주었어.
심청이 (예시)	너는 어른들께 예의가 바르구나.	버스에서 노인분들께 자리를 양보하고	부모님께 공손하게 말했어.
선행상 후보 (　　　)			
효행상 후보 (　　　)			
봉사상 후보 (　　　)			

🍎 칭찬할 점 (예)

잘하는 것, 좋아 보이는 행동 ────────

친구들을 잘 도와주는구나. 어른들께 인사를 잘하는구나. 반장으로서 학급을 잘 이끌어가는구나. 모둠 활동에 잘 참여하는구나. 봉사활동을 잘하는구나. 친구들을 즐겁게 해주는구나. 등등

좋은 성품 ────────

적극적인, 따뜻한, 합리적인, 논리적인, 당당한, 협조적인, 모범적인, 리더십이 강한, 센스 있는, 세밀한, 분명한, 영리한, 유머 있는, 순발력 있는, 협력적인, 조화로운, 꿈이 있는, 여유 있는, 너그러운, 확실한, 분명한, 믿을 수 있는, 능동적인, 솔선수범하는, 활발한, 착한, 인내심 있는, 자유로운, 참을성 있는, 끈기 있는, 꾸준한, 추진력 있는, 봉사적인, 체계적인, 개성 있는, 사려 깊은, 차분한, 자신감 있는, 친절한, 상냥한, 다정한, 적응력 있는. 등등

반장후보 추천

이름	칭찬할 점	이유 1	이유 2
김책임 (예시)	너는 책임감이 강하구나.	칠판에 전달 사항을 매일 적고	단톡방에 공지사항을 알려주었어.
박보배 (예시)	너는 친구들을 잘 도와주는구나.	다리를 다친 친구를 부축해주고	친구들에게 유인물을 나누어 주었어.
반장 후보 ( )			

👌 **칭찬할 점** (예)

잘하는 것, 좋아 보이는 행동 ─────────────

친구들을 잘 도와주는구나. 어른들께 인사를 잘하는구나. 반장으로서 학급을 잘 이끌어가는구나. 모둠 활동에 잘 참여하는구나. 봉사활동을 잘하는구나. 친구들을 즐겁게 해주는구나. 등등

좋은 성품 ─────────────

적극적인, 따뜻한, 합리적인, 논리적인, 당당한, 협조적인, 모범적인, 리더십이 강한, 센스 있는, 세밀한, 분명한, 영리한, 유머 있는, 순발력 있는, 협력적인, 조화로운, 꿈이 있는, 여유 있는, 너그러운, 확실한, 분명한, 믿을 수 있는, 능동적인, 솔선수범하는, 활발한, 착한, 인내심 있는, 자유로운, 참을성 있는, 끈기 있는, 꾸준한, 추진력 있는, 봉사적인, 체계적인, 개성 있는, 사려 깊은, 차분한, 자신감 있는, 친절한, 상냥한, 다정한, 적응력 있는. 등등

12

부모님께 드리는 성품 상장

프롤로그

5월이 되면 어김없이 찾아오는 어버이날을 맞이하여 아이들과 부모님에 대해 생각해 보는 시간을 갖는다. 감사 편지 쓰기 등을 통해 부모님에 대한 마음을 전하는 기회는 많았지만 부모님이 어떤 분인지 알아드리는 경험은 없었다. 궁리 끝에 부모님의 성품을 찾아 칭찬하는 시간을 가져보기로 했다.

부모님을 떠올리면 드는 기분과 생각을 찾아보고 부모님에게 잘 어울리는 성품과 그렇게 생각한 이유를 찾아 상장을 만들어 드리는 활동을 구상했다. 아이들이 부모님에게 받기만 하는 존재가 아니라 부모님을 알아주고 인정하는 힘을 길러주고 싶었다.

목적

❶ 부모님을 떠올리면 드는 기분과 생각을 찾아 친구들과 이야기를 나누어 공감대를 형성하고 부모님과의 정서적 경험을 떠올려 부모님의 성품을 능동적이고 적극적으로 찾을 수 있는 동기를 육

성한다.

❷ 부모님의 성품을 찾아 상장을 만들어 부모님을 칭찬하는 시간을 갖는다.

❸ 부모님의 반응을 발표하고 실천을 북돋는 시간을 통해 부모님을 칭찬하는 경험에서의 긍정적 감정이 커지도록 한다.

준비

- **준비물**　　　　활동지 1(부모님을 떠올리면),
　　　　　　　　　활동지 2(부모님 성품 찾기),
　　　　　　　　　활동지 3(부모님 성품 상장)
- **시　간**　　　　45분
- **인원 및 형태**　개인 활동, 4인 모둠 활동, 전체 활동

흐름

❶ 활동의 목적을 안내한다.

"부모님을 떠올리면 드는 감정과 생각을 찾아보고, 그동안 보아온 모습으로 부모님에게 잘 어울리는 성품과 그 이유를 찾아 상장을 만들어 칭찬해드리는 시간이 되길 바랍니다."

❷ 4인 모둠을 구성한다. 부모님을 떠올리면 드는 기분과 생각을 찾아 적는다. 이때 선생님은 부모님, 조부모님, 선생님 등 내 인생에 영향을 끼친 한 사람을 떠올려 작성할 수 있다고 안내한다.

〈활동지 1〉────────────────────────

※ 부모님을 떠올리면 어떤 기분(감정)이 드는지 모두 ○표 하세요.

① 나는 부모님을 떠올리면 _____ 기분(감정)이 들어.

② 왜냐하면 _____ 생각하기 때문이야.

예 나는 아빠를 떠올리면 죄송한 기분이 들어.

왜냐하면 중간고사 성적으로 실망하셨다고 생각하기 때문이야.

나는 엄마를 떠올리면 고마운 기분이 들어.

왜냐하면 학원 끝나고 오면 간식을 챙겨주시기 때문이야.

❸ 모둠에서 서로 적은 내용을 이야기하고 전체에서 발표한다. 이 때 선생님은 공감, 피드백, 연결질문으로 촉진한다.

[공감] "성민이는 아빠가 실망시켜드린 것 같아 죄송했구나."

[피드백] "엄마에게 감사했다는 여진이 말 듣고 선생님도 흐뭇해."

[연결 질문] "민하 이야기 듣고 어때요? 민하와 비슷한 경험이 있는 사람 있나요?"

❹ 그동안 보아온 모습에서 부모님에게 잘 어울리는 성품과 그 이유를 찾아 활동지를 작성하고 작성한 내용을 바탕으로 상장을 만든다.

〈활동지 2, 3〉

※ 우리 부모님의 성품이라고 생각되는 단어에 모두 ○표 하세요.

※ 우리 부모님에게 가장 잘 어울리는 성품이라고 생각되는 것을 한 가지 골라 적고 그렇게 생각한 이유를 적어 보세요.

성품	이유(보고 들은 말이나 행동)
인내심 있는	중간고사 성적을 보고 실망하셨는데 인내심 있게 참고 다시 기회를 주겠다고 말씀하셨다.

인내심 강한 아버지상

김명수

위 아버지는 김수현의 1학기 중간고사 성적으로 깊이 실망을 하셨음에도 강한 인내심으로 참고 다시 기회를 주겠다는 말씀이 멋지고 감사하여 이 상장을 드립니다.

20**년 5월 8일
아들 김수현 드림

---

❺ 작성한 상장을 전체에서 발표한다.

❻ 상장을 받은 부모님의 반응을 다음 시간에 발표한다. 이때 선생님은 공감, 칭찬, 피드백, 연결 질문으로 촉진한다.

❼ 활동 과정에서의 소감을 전체에서 발표한다.

TIP

❶ 부모님이 계시지 않는 아이들의 사정을 고려하여 부모님에 국한하지 않고 조부모님, 선생님 등 상장 대상의 범위를 넓힐 수 있다.

❷ 부모님께 드는 감정을 찾아 상장을 만드는 활동으로 진행할 수 있다.

〈부모님 감정 상장 만들기 진행절차〉 ────────────

① 4인 모둠을 구성한다. 부모님을 떠올리면 드는 기분과 생각을 찾아 적고 모둠에서 발표한다. 이때 부모님, 조부모님, 선생님 등 내 인

생에 영향을 끼친 한 사람을 떠올려 작성할 수 있다고 안내한다.

※ 부모님을 떠올리면 드는 기분(감정)과 생각을 찾아 적어보세요.

　1. 나는 부모님을 떠올리면 든든한 기분이 들어.

　2. 왜냐하면 내가 힘든 일이 있을 때 잘하고 있다고 말씀해 주시기 때문이야.

② 작성한 내용을 바탕으로 상장을 만든다.

든든상

김희연

위 어머니는 장연우가 힘든 일이 있을 때 잘하고 있다고 말씀해 주셔서 든든하고 감사하여 이 상장을 드립니다.

20**년 5월 8일
딸 장연우 드림

③ 작성한 상장을 전체에서 발표한다.

④ 상장을 받은 부모님의 반응을 다음 시간에 발표한다. 이때 선생님은 공감, 칭찬, 피드백, 연결 질문으로 촉진한다.

부모님을 떠올리면

◪ **부모님을 떠올리면 어떤 기분(감정)이 드는지 모두 ○표 하세요.**

개성이 있는, 겸손한, 공정한, 긍정적인, 끈기가 있는, 눈치가 빠른, 다정한, 리더십이 강한, 모범적인, 믿음직한, 배려심이 있는, 분명한, 상냥한, 섬세한, 성실한, 솔선수범하는, 솔직한, 수용적인, 순발력 있는, 신중한, 여유 있는, 열정적인, 용기 있는, 자신감이 있는, 자유로운, 재치 있는, 적극적인, 적응력이 뛰어난, 정의로운, 조화로운, 지혜로운, 착한, 참을성이 있는, 책임감이 강한, 체계적인, 친절한, 편견이 없는, 한결같은, 합리적인, 협조적인, 활발한, (그 외)

❶ 나는 부모님을 떠올리면 .... 기분(감정)이 들어.

❷ 왜냐하면 .... 생각하기 때문이야.

부모님 성품 찾기

■ **우리 부모님의 성품이라고 생각되는 단어에 모두 ○표 하세요.**

개성이 있는, 겸손한, 공정한, 긍정적인, 끈기가 있는, 눈치가 빠른, 다정한, 리더십이 강한, 모범적인, 믿음직한, 배려심이 있는, 분명한, 상냥한, 섬세한, 성실한, 솔선수범하는, 솔직한, 수용적인, 순발력 있는, 신중한, 여유 있는, 열정적인, 용기 있는, 자신감이 있는, 자유로운, 재치 있는, 적극적인, 적응력이 뛰어난, 정의로운, 조화로운, 지혜로운, 착한, 참을성이 있는, 책임감이 강한, 체계적인, 친절한, 편견이 없는, 한결같은, 합리적인, 협조적인, 활발한, (그 외)

우리 부모님에게 가장 잘 어울리는 성품이라고 생각되는 것을 한 가지 골라 적고 그렇게 생각한 이유를 적어 보세요.

성품	이유(보고 들은 말이나 행동)

부모님께 드리는 성품 상장

부모님 성품 상장

공감교실 어떻게 가꿀까?

13

성품 나무 열매 맺기

프롤로그

학급 행사를 준비하며 아이들 한 명 한 명 모두 칭찬하고 칭찬받으며 서로 북돋워 줄 수 있는 활동을 하고 싶었다. 선생님의 칭찬도 좋겠지만 친구들의 칭찬을 받으면 더 기분 좋고 실감날 것이라는 생각이 들었다. 또, 칭찬을 주고받는 속에 아이들이 더 친해지고 우리 반의 분위기가 따뜻해질 것이라 생각했다.

마치 나무에 열매가 맺히듯이 친구들이 성품을 찾아 적어주도록 성품 나무를 만들기로 했다. 열매는 나무의 힘으로 맺은 것임에 분명하지만 햇빛과 바람과 비가 없다면 열매를 맺기 어려울 것이다. 한 사람의 성품을 친구들이 함께 찾아줌으로써 성품 열매가 주렁주렁 열리는 성품 나무가 되길 바라며 구상했다.

목적

❶ 모둠원 친구에게 가장 잘 어울리는 성품을 찾아 성품 나무에 열매를 달아 주어 서로를 북돋는다.

❷ 모둠원들이 찾아준 자신과 잘 어울리는 성품과 그 이유를 듣고 자존감과 자신감을 높인다.

❸ 칭찬받은 사람은 성품 칭찬을 모두 들은 이후 모둠원들에게 드는 기분을 찾아 말한다. 이때 칭찬한 친구는 자기 말의 긍정적 영향을 확인하고 자존감과 자신감을 높일 수 있다.

❹ 친구의 성품을 찾아 칭찬하고, 친구들의 칭찬을 듣는 과정을 통해 관계를 친밀하게 한다.

준비

- **준비물**　　　　활동지 1(모둠원 성품 찾기),
　　　　　　　　　활동지 2(성품 나무), 스티커
- **시　간**　　　　45분
- **인원 및 형태**　4인 모둠 활동, 전체 활동

흐름

❶ 활동의 목적을 안내한다.

"그동안 서로 보고 들은 모습 속에서 성품을 찾아 성품 나무에 열매를 맺도록 하는 시간이길 바랍니다."

❷ 4인 모둠을 구성한다.

❸ 모둠 친구들과 가장 잘 어울리는 성품과 그렇게 생각하는 이유를 찾아 〈활동지 1〉에 작성한다.

❹ 찾은 성품을 스티커에 적는다.

❺ 한 아이에 대해 3명의 모둠원이
찾은 성품 스티커를 성품 나무
에 붙여주며 그 이유를 모두 들
려준다.

❻ 친구들의 성품 칭찬을 들은 아이
는 지금 기분과 친구들에게 드는
기분을 찾아 말한다.

❼ 활동 과정에서의 소감을 전체에서 발표한다.

TIP

❶ 모둠 활동을 마치고 모둠 활동 과정에서 알게 된 성품을 찾아주
는 활동을 할 수 있다.

❷ 학기말, 학년말에 수업과 학급 운영 마무리 활동으로 할 수 있다.

모둠원 성품 찾기

이름	가장 잘 어울리는 성품	이유(근거)
홍길동 (예시)	책임감 있는	주번일 때 문단속을 빠짐없이 하는 모습을 보았어.

💬 **성품 단어**

개성이 있는, 겸손한, 공정한, 긍정적인, 끈기가 있는, 눈치가 빠른, 다정한, 리더십이 강한, 모범적인, 믿음직한, 배려심이 있는, 분명한, 상냥한, 섬세한, 성실한, 솔선수범하는, 솔직한, 수용적인, 순발력 있는, 신중한, 여유 있는, 열정적인, 용기 있는, 자신감이 있는, 자유로운, 재치 있는, 적극적인, 적응력이 뛰어난, 정의로운, 조화로운, 지혜로운, 착한, 참을성이 있는, 책임감이 강한, 체계적인, 친절한, 편견이 없는, 한결같은, 합리적인, 협조적인, 활발한, (그 외)

👍 **활동 소감**

....

....

....

성품 나무

친구들과 함께 심는 나의 성품 나무

관계를 바꾸는 칭찬 일기

프롤로그

여름방학 기간 동안 아이들에게 어떤 활동을 방학과제로 낼까 고민이 되었다. 이런 저런 고민 끝에 칭찬 일기를 내기로 했다. 아이들 스스로는 다른 사람의 행동을 관찰하고 사실칭찬과 성품칭찬을 함으로써 칭찬의 역량을 길러주고 칭찬을 받은 사람과의 관계를 회복하거나 더 좋게 만드는 기회가 되길 바란다. 다른 사람을 칭찬 인정할 때의 기쁨을 느끼고, 관계를 의식하고 대화를 주도하는 시도를 통해 관계 역량을 키울 수 있다는 것을 알게 되면 좋겠다.

목적

❶ 가족 등 특정 인물을 선정하여 말과 행동을 보고(듣고) 사실 칭찬하기와 성품 칭찬하기를 함으로써 관계지향적 대화를 시도하는 기회를 갖는다.

❷ 칭찬 인정하기 활동을 통해 상대에 대해 내가 느끼는 친밀도가 변화되는 것을 살펴보고 주도적인 대화를 통해 관계를 좋게 만

드는 경험을 할 수 있다.

준비

- **준비물**　　　　　활동지 1(칭찬 대상 찾기),
　　　　　　　　　　　활동지 2(칭찬 일기 쓰기),
　　　　　　　　　　　활동지 3(칭찬 일기 쓰기 활동 소감)
- **시　간**　　　　　　방학 기간
- **인원 및 형태**　　　개인 활동

흐름

❶ 활동의 목적을 안내한다.

　"여름방학 동안 한 사람에게 지속적으로 칭찬을 해주는 활동을 방학 과제로 내겠습니다. 지금 내가 느끼는 상대에 대한 친밀도와 칭찬하기 과제를 마치고 느껴지는 친밀도가 어떻게 변하는지 살펴보는 시간이 되길 바랍니다."

❷ 칭찬하기 과제 활동지를 제시하고 활동 내용을 설명한다.

❸ 개학 후 첫 수업 시간에 소감을 발표하도록 한다. 이때 친밀도의 변화를 함께 발표한다.

TIP

❶ 칭찬하기 활동을 사례를 들어 설명하여 아이들의 이해를 돕는다.

　① 보고 들은 사실 쓰기

엄마가 퇴근해서 바쁘게 저녁 식사 준비를 하시는 모습을 보고

② **칭찬할 점, 칭찬할 성품 말하기**

"엄마, 퇴근하고 힘드실 텐데 참 책임감이 강하신 것 같아요."

③ **칭찬을 듣고 상대의 반응 쓰기**

웃으면서 "고맙다."고 말씀하셨다.

④ **칭찬하고 나서 나의 소감 쓰기**

쑥스럽지만 기분이 좋았다. 엄마를 좀 더 도와드려야겠다.

❷ 칭찬하는 상대에게 과제 수행 중임을 말하지 않도록 주의를 준다.

공감교실 어떻게 가꿀까?

칭찬 대상 찾기

❶ **칭찬 대상** (가족 또는 거의 매일 만나는 사람 중에서 선정)

❷ **칭찬 대상 선정 이유**

❸ **친밀도** (최하 1점 ~ 최고 10점)

현재 친밀도 : (   )점 / 10점

칭찬 일기 쓰기

날짜 : 20   년 (   )월 (   )일 (   )요일

❶ 사실 : ~을 듣고, ~을 보고

....

....

❷ 칭찬할 점, 칭찬할 성품 말하기 : "참 ~하구나.(하시군요.)"

....

....

❸ 칭찬을 듣고 상대방의 반응은?

....

....

❹ 칭찬하고 나서 나의 소감(기분, 생각)**은?**

....

....

칭찬 일기 쓰기 활동 소감

🍎 **칭찬 일기 쓰기 후 친밀도** : (　　　)점 / 10점

🍎 **소감**

칭찬 일기 쓰기 전, 쓰는 중, 쓰고 난 후 기분과 생각 등을 적어
봅시다.

....

....

....

방학 동안 있었던 일

프롤로그

여름방학이 끝나고 2학기 첫날, 1학기를 함께 지내면서 많이 친해졌다고 생각했는데 방학을 보내고 와서 교실에 서면 왠지 어색하고 낯선 기분이 들었다. 그래서 방학 동안 각기 다른 경험을 했을 아이들이 자신의 이야기를 개방하여 이야기하고 나누는 과정에서 서로 친해지고 편안해지는 기회를 가질 수 있도록 2학기 첫 활동을 구상하였다.

그 과정에서 방학 동안 떨어져 있었던 시간의 간극을 메우고 지금 여기에서 관계를 이어나가게 되면 좋겠다.

목적

❶ 방학 동안 있었던 일 중 인상 깊었던 일을 떠올려 서로 말하고 듣는 과정에서 친밀감을 형성할 수 있다.
❷ 모둠에서 자신의 이야기를 개방하고 감정추임새⁹로 수용 받는 경험을 통해 서로 친밀해지고 편안해지는 기회가 되도록 한다.

공감교실 어떻게 가꿀까?

❸ 모둠에서 들은 이야기 중 인상 깊은 것을 전체에서 발표하게 하여 이야기를 개방한 아이와 발표한 아이의 관계가 돈독해지도록 한다. 이때 자신의 이야기가 소개되는 아이는 전체와 가까워지는 소속감을 높일 수 있다.

준비

- **준비물**　　　　활동지(방학 동안 있었던 일)
- **시　간**　　　　45분
- **인원 및 형태**　4인 모둠 활동, 전체 활동

흐름

❶ 활동의 목적을 안내한다.

"2학기 첫 수업인데 여러분은 어떤 심정인지 궁금합니다. 지금 기분을 나누는 시간을 가지고, 방학 동안 여러분에게 인상 깊은 경험을 떠올려 들려주면서 공유하는 시간이 되길 바랍니다."

❷ 마을 열기 활동으로 지금 여기에서 기분을 주고받고 나누어 공감대를 형성하고, 여유를 회복한다. 2학기 첫 수업 시간인 지금 드는 기분과 이유를 찾아 짝과 이야기한다. 이때 짝은 감정추임새를 한다.

A **[감정]** "나는 답답해."

9　감정추임새은 상대가 말하는 감정(기분) 혹은 말하려는 바에 담긴 감정(기분)을 내 입으로 말하여 알아주고 추어주는 것을 말한다. 예) 속상하겠다. 속상하구나.

[이유] "왜냐하면 오랜만에 교실 의자에 앉아있기 때문이야."

B **[감정추임새]** "답답하겠다. 답답하구나."

❸ 활동지에 방학 동안 있었던 일 중 가장 인상 깊었던 일을 떠올려 사실, 감정, 생각을 찾아 적는다.

[사실] 칭찬일기 방학 숙제를 하면서

[감정] 나는 놀라웠어.

[생각] 왜냐하면 동생을 칭찬하다 보니까 동생이랑 더 친해졌기 때문이야.

❹ 4인 모둠을 구성하여 모둠에서 발표한다. 3명은 감정추임새를 한다.

❺ 모둠에서 들은 이야기 중 인상 깊은 내용을 전체에게 발표한다. 이때 교사는 아이들이 상호작용으로 연결될 수 있도록 피드백과 연결질문 등으로 촉진한다.

[피드백] "경화가 은수 이야기에 놀라웠다니 선생님은 흐뭇해."

[연결 질문] "은수야, 경화가 네 이야기에 놀라웠다는 말 듣고 너는 어때?"

❻ 활동 과정에서의 소감을 전체에서 발표한다.

___

TIP

❶ 교사의 자기 개방과 피드백으로 아이들이 활발하게 발표하도록 촉진한다.

❷ 교사는 학생들이 모둠 활동에 적극 참여하도록 촉진한다.

공감교실 어떻게 가꿀까?

방학 동안 있었던 일

■ **여름방학 동안 가장 인상 깊었던 일을 떠올려 봅시다.**

❶ 나는 _____ 을 보고(듣고) ____ 기분(느낌)이 들었다.

❷ 왜냐하면 _____ 생각하기 때문이다.

💬 **감정 단어**

가볍다. 감동적이다. 고맙다. 기대되다. 기쁘다. 긴장이 풀린다. 놀라다. 두근거리다. 만족스럽다. 반갑다. 부럽다. 뿌듯하다. 사랑스럽다. 서럽다. 설레다. 시원하다. 신나다. 안심되다. 편안하다. 행복하다. 힘나다. 걱정된다. 귀찮다. 긴장되다. 답답하다. 당황스럽다. 막막하다. 망설여지다. 무기력하다. 무섭다. 미안하다. 밉다. 부끄럽다. 부담스럽다. 분하다. 불안하다. 불편하다. 섭섭하다. 속상하다. 슬프다. 실망스럽다. 싫다. 심심하다. 쑥스럽다. 아쉽다. 안타깝다. 얄밉다. 어색하다. 피곤하다. 허전하다. 혼란스럽다. 화나다. 후회스럽다. 힘들다. (그 외)

16

사진카드 속에 담긴 본심

프롤로그

여름방학을 보내고 온 아이들과 어떤 활동으로 2학기를 시작할까? 아이들이 1학기를 돌아보고 2학기 생활에서 이루고 싶은 본심을 찾는다면 남은 2학기를 보다 알차게 보낼 수 있을 것이다. 또 아이들끼리 서로 본심을 북돋고 지지를 주고받으며 2학기 생활을 시작한다면 더 힘이 나는 2학기 출발이 될 것이라는 기대로 활동을 계획하였다. 그 과정에서 아이들이 1학기 보다 한걸음 더 성장하는 2학기를 만들어 나가게 되기를 바란다.

목적

❶ 여러 장의 사진 카드 모음[10]에서 1학기 나의 학교생활과 가장 닮아있는 카드를 선택하여 1학기 생활을 돌아본다.

❷ 사진 카드 중에서 내가 바라는 2학기 학교생활 모습과 가장 닮

---

10 사진 카드 모음은 사전에 아이들에게 삶에서 의미 있는 자신을 제출하도록 하여 미리 사진 카드 모음을 만들어 활용한다. (본문의 유의점에서 자세한 내용 참고)

아있는 카드를 선택하여 내가 학교생활에서 바라는 본심을 찾는다.

❸ 서로 본심을 북돋워주어 지지를 주고받는 기회를 갖는다.

❹ 내가 바라는 2학기 학교생활을 이루어가기 위해 어떻게 해보고 싶은지 찾고 발표하는 과정에서 1학기보다 성장하는 2학기를 보내기 위한 방안을 모색한다.

준비

- **준비물**   활동지(내가 바라는 학교생활), 사진 카드
- **시 간**   45분
- **인원 및 형태**   4인 모둠 활동, 전체 활동

흐름

❶ 활동의 목적을 안내한다.

"1학기 생활을 돌아보고 2학기 생활에서 여러분이 바라는 본심을 찾아보는 시간이 되길 바랍니다."

❷ 4인 모둠을 만든다.

❸ 여러 장의 사진 카드 중에 '1학기 나의 학교생활'과 가장 닮아있는 사진 카드를 선택하고 선택의 이유를 찾아 적는다. 이때 사진 카드 번호를 적도록 하여 이후에 활동지를 보고 어떤 사진 카드를 선택하였는지 파악할 수 있다.

❹ 선택한 사진 카드를 모둠원들에게 보여주며 선택의 이유를 들려준다. 이때 친구의 발표를 듣고 드는 기분과 생각을 피드백하도록 한다. 선생님은 모둠 활동에 함께 참여하여 피드백하고 연결 질문으로 촉진한다.

❺ 여러 장의 사진 카드 중에 '내가 바라는 2학기 학교생활'과 가장 닮아있는 사진 카드를 선택하고 선택의 이유를 찾아 적는다. 이때 사진 카드 번호를 적도록 하여 이후에 활동지를 보고 어떤 사진 카드를 선택하였는지 파악할 수 있다.

❻ 모둠에서 선택한 사진 카드를 보여주며 선택의 이유를 들려준다.

❼ '내가 바라는 2학기 학교생활'을 이루어 가기 위해 나는 2학기에 어떻게 해보고 싶은지 찾아 적는다.

❽ 모둠에서 위 7번에 작성한 내용을 발표한다. 발표를 들은 모둠원은 본심을 지지한다.

"네가 바라는 대로 꼭 이루어졌으면 좋겠어."

❾ 활동 과정에서의 소감을 전체에서 발표한다. 발표에 대해 선생님이 피드백과 연결질문을 하고 아이들 간에 피드백 하도록 촉진한다.

TIP

❶ 아이들과 함께 직접 사진 카드 모음을 만들 수 있다.

① 아이들에게 삶에서 의미 있는 사진을 개인당 1~2장 골라 미리 파일로 제출하도록 한다.

② 아이들이 제출한 사진 파일을 번호를 매긴 후 출력하여 사진 카드 모음으로 만들어 둔다. 사진 카드 모음은 모둠 수만큼 준비한다.

❷ 사진 카드 모음을 직접 만들기 어려울 때는 기성품을 활용할 수 있다.

내가 바라는 학교생활

❶ 1학기 나의 학교생활 모습과 가장 닮아 있다고 여겨지는 카드를 골라봅시다. 그 카드를 고른 이유를 적어봅시다.

카드 번호 ....

❷ 내가 바라는 2학기 학교생활 모습과 가장 닮아 있다고 여겨지는 카드를 골라봅시다. 그 카드를 고른 이유를 적어봅시다.

카드 번호 ....

❸ 내가 바라는 2학기 학교생활'을 이루어 가기 위해 나는 2학기에 어떻게 해보고 싶은지 찾아 적어봅시다.

....

🍎 활동 소감

....

....

....

17

함께 해결하는 갈등중재 역할극

프롤로그

학기 내내 우리 반은 크고 작은 싸움이 이어졌다. 며칠 지나면 다시 편안해지는 것 같지만 서로 서먹하게 지내는 시간을 지켜보는 동안 나도 애가 쓰이고 불편했다. 그렇다고 싸울 때마다 담임이 다 개입할 수 있는 것도 아니니 답답한 심정이었다. 옆에서 친구들이 좀 거들어 주면 좋을 텐데 말이다.

그래서 갈등 상황에서 갈등 장면을 방관하거나 어느 한 쪽의 입장에만 서는 것이 아니라 양쪽 입장을 모두 헤아려 당사자들이 문제를 풀어나갈 수 있도록 돕는 경험을 할 수 있도록 역할극을 구상했다.

목적

❶ 영상 속 갈등 상황의 두 사람의 말을 듣고 사실·생각 듣기, 기분 듣기, 본심 듣기를 할 수 있다.

❷ 갈등 상황에서 마음의 여유를 찾는 경험을 통해 갈등에 대처하는 방법을 알 수 있다.

❸ 두 사람의 마음을 각각 알아주어 당사자들이 여유를 찾도록 돕는 경험을 통해 갈등 상황에서 주체적인 태도와 자신감을 높일 수 있다.

준비

▪ 준비물	활동지(갈등 중재 역할극), 동영상
▪ 시 간	45분
▪ 인원 및 형태	3인 모둠 활동, 전체 활동

흐름

❶ 활동의 목적을 안내한다.

"반에서 생활하면서 친구끼리 싸우거나 불편해질 때가 있죠. 그럴 때 두 사람은 마음이 불편해서 스스로 갈등을 해결하는 것이 쉽지 않을 텐데요. 이때 옆에서 친구들이 도와준다면 어떨까요? 갈등이 생긴 두 사람을 돕는 역할극을 통해 우리 반에서 함께 갈등을 극복해 나가는 경험을 해보는 시간이 되길 바랍니다."

❷ 필리핀 며느리와 한국 시어머니의 갈등 장면을 제시한다.

[필리핀 며느리]

어릴 때부터 손으로 밥을 먹어서 손으로 먹는 것이 편하고 고향 생각이 나요. 어머니가 밥 먹을 때 야단치시면 불편하고 속상해요.

[한국 시어머니]

며느리가 손으로 밥을 먹는 것을 보고 깜짝 놀랐어요. 보기에도 좋지 않아 못마땅하고 다른 사람들이 며느리를 욕할까봐 걱정이 됩니다.

공감교실 어떻게 가꿀까?

❸ 필리핀 며느리와 한국 시어머니의 대화를 읽고 며느리와 시어머니의 감정과 본심을 찾아본다.

❹ 필리핀 며느리와 한국 시어머니 입장 알아주는 각각의 대사를 활동지로 작성한다.

[사실·생각 듣기]   어머니가 밥 먹을 때 야단치시면 불편하고 속상하다는 말씀이시죠?

[기분 듣기]   그랬다면 속상하고 서운했겠어요.

[본심 듣기]   정말 바라는 것은 손으로 밥 먹는 것을 이해받고 싶다는 말씀이시죠? (긍정형)

〈본심 듣기 대사는 부정형이 아닌 긍정형으로 서술〉─────────

[부정형으로 서술한 예]

"정말 바라는 것은 시어머니에게 미움 받고 싶지 않다는 말씀이시죠?"

[긍정형으로 서술한 예]

"정말 바라는 것은 시어머니에게 사랑받고 싶다는 말씀이시죠?"

❺ 3인 1조 모둠을 구성하고 역할(필리핀 며느리, 한국 시어머니, 중재자)을 정한다.

❻ 각자 맡은 역할로 역할극을 한다. 중재자는 며느리와 시어머니 중 한 사람씩 차례대로 사실·생각 듣기, 기분 듣기, 본심 듣기를 통해 심정과 입장을 충분히 알아주고 지금 기분을 확인한다.

❼ 모둠 내에서 각각의 역할에 대한 소감을 나눈다.

❽ 활동 과정에서의 소감을 전체에서 발표한다.

TIP

❶ 역할을 바꾸어 다시 진행할 수 있다.

❷ 4인 1모둠으로 며느리 역할 1인, 시어머니 역할 1인, 중재가 1인, 관찰자 1인으로 활동할 수 있다.

❸ 다른 갈등 상황이나 직접 경험한 갈등 상황을 사례로 활용할 수 있다.

공감교실 어떻게 가꿀까?

갈등 중재 역할극

▮ 필리핀 며느리와 한국 시어머니의 대화를 듣고 ─────────

며느리   어릴 때부터 손으로 밥을 먹어서 손으로 먹는 것이 편하고 고향 생각이 나요. 어머니가 밥 먹을 때 야단치시면 불편하고 속상해요.

시어머니   며느리가 손으로 밥을 먹는 것을 보고 깜짝 놀랐어요. 보기에도 좋지 않아 못마땅하고 다른 사람들이 며느리를 욕할까봐 걱정이 됩니다.

며느리의 입장 알아주기

❶ **사실·생각 듣기**   "⸻라는 말씀이시죠?"

❷ **기분 듣기**   "그랬다면 ⸻했겠어요."

❸ **본심 듣기**   "정말 바라는 것은 ⸻라는 말씀이시죠?"

시어머니의 입장 알아주기

❶ **사실·생각 듣기**   "⸻라는 말씀이시죠?"

❷ **기분 듣기**   "그랬다면 ⸻했겠어요."

❸ **본심 듣기**   "정말 바라는 것은 ⸻라는 말씀이시죠?"

불편한 마음 표현하기

프롤로그

마음을 알아주고 칭찬하는 활동들을 통해 아이들은 서로 신뢰가 쌓이고 관계도 좋아졌다 싶은데, 못마땅하거나 아쉬움이 있을 때에는 불편한 마음이 좀처럼 풀어지지 않는 모습들이다. 갈등 상황에서 주도적으로 해결하려 하기보다는 "선생님, 누구 좀 혼내주세요."라고 말하는 아이들의 모습이 아쉬웠다. 불편한 상황에서 상대가 마음 상하지 않고 잘 받아들이게 내 마음을 표현해서 이해 받는다면 관계를 회복하고 관계가 더 깊어질 수 있을 것이다. 또, 상대의 변화와 성장에 영향을 미치는 기회가 될 수 있을 것이다. 그래서 내 마음 표현하기를 연습할 수 있는 활동을 구상했다.

목적

❶ 영상 속 인물의 말과 행동을 보고(듣고) 어울리는 성품을 찾아 성품 칭찬하기를 한다.

❷ 보고 들은 사실에서 내가 느낀 감정, 생각, 본심을 찾는다.

공감교실 어떻게 가꿀까?

❸ 역할극을 통해 사람을 알아주는 성품 칭찬하기와 내 마음 표현하기를 체험한다.

❹ 역할극에서 짝의 말을 듣고 어떤지 서로 들려주어 내 말의 영향을 확인한다.

준비

- **준비물**　　　　　활동지(내 마음 표현하기), 동영상
- **시　간**　　　　　45분
- **인원 및 형태**　　짝 활동, 전체 활동

흐름

❶ **활동의 목적을 안내한다.**

"친구들과 반에서 생활하면서 내 마음이 불편해지거나 친구에 대해 불편할 때가 있을 거예요. 그럴 때 친구가 마음 상하지 않게 마음을 잘 전해서 불편한 마음이 풀어지고 친구와 더 친해질 수 있도록 내 마음을 표현해 보는 시간이 되길 바랍니다."

❷ **짧은 동영상을 본다.**

영화 '개를 훔치는 완벽한 방법' 소개 영상 줄거리 ────────

아빠, 엄마, 지소, 지석은 평범하고 단란한 가족이었다. 그런데 갑작스런 사업 실패로 아빠는 도망 다니는 신세가 되고, 지소 가족은 살던 집에서 쫓겨나게 된다. 엄마와 지소, 지석은 미니 봉고차에 지낸 지 벌써 한 달이다.

딱 일주일만 있다가 이사 간다는 엄마 말은 더 이상 믿을 수 없었던 지

소는 집을 구하기 위해 '개를 훔치는 완벽한 방법'을 계획한다. 개를 훔치고 다시 돌려주어 사례금을 받아 집을 산다는 계획이다.

훔칠 개를 물색하던 지소는 레스토랑 마르셀의 주인인 노부인의 개 '월리'를 목표로 정한다.

- 중략 -

❸ 동영상을 보고 등장인물과 어울리는 성품을 찾고 그 이유(근거)를 찾아 적는다.

① **[성품]**　　지소야, 넌 참 책임감이 있는 아이야.

② **[이유(근거)]** 나는 네가 동생을 돌보는 모습을 보았거든.

❹ 동영상을 보고 등장인물에게 드는 감정, 생각, 본심을 찾아 적는다.

① **[사실]** 네가 개를 훔칠 계획을 세우는 것을 보고

② **[감정]** 나는 걱정되었어.

① **[생각]** 네가 법을 어기는 것을 후회할 것이라고 생각했기 때문이야.

① **[본심]** 나는 네가 다른 방법을 찾아서 마음이 편안해지길 바라.

❺ 짝과 함께 적은 내용으로 역할극을 한다.

나　　지소야, 넌 참 책임감이 있는 아이야. 나는 네가 동생을 돌보는 모습을 보았거든. 듣고 어때?

지소　(듣고 지금 기분을 말한다.)

나　　네가 개를 훔칠 계획을 세우는 것을 보고 나는 걱정되었어. 왜냐하면 네가 법을 어기는 것을 후회할 것이라고 생각했기 때문이

　　　　　　　　　　　　　　　　공감교실 어떻게 가꿀까?

야. 내가 정말 바라는 것은 나는 네가 다른 방법을 찾아서 마음
이 편안해지길 바라. 듣고 어때?

지소 (듣고 지금 기분을 말한다.)

❻ 짝과 역할을 바꾸어 역할극을 한다.

❼ 짝과 소감을 나눈다.

❽ 활동 과정에서의 소감을 전체에서 발표한다.

TIP

❶ 영화의 일부, 짧은 동영상, 짧은 이야기, 그림 동화 등을 보고 활
동할 수 있다.

❷ 짝과 서로에게 칭찬하기와 내 마음 표현하기를 할 수 있다.

내 마음 표현하기

👈 **상대 알아주기(성품 칭찬하기)** : 성품-이유(근거)

　예 ❶ **[성품]** 넌 참 책임감이 있는 아이야.

　　❷ **[이유]** 나는 네가 동생을 돌보는 모습을 보았거든.

👈 **내 마음 표현하기** : 사실-감정-생각-본심

　예 ❶ **[사실]** 네가 돈을 훔칠 계획을 세우는 것을 보고

　　❷ **[감정]** 나는 걱정되었어.

　　❸ **[생각]** 네가 법을 어기는 것을 후회할 것이라고 생각했기 때문이야.

　　❹ **[본심]** 나는 네가 다른 방법을 찾아서 마음이 편안해 지길 바라.

💬 **성품 단어**

개성이 있는, 겸손한, 공정한, 긍정적인, 끈기가 있는, 눈치가 빠른, 다정한, 리더십이 강한, 모범적인, 믿음직한, 배려심이 있는, 분명한, 상냥한, 섬세한, 성실한, 솔선수범하는, 솔직한, 수용적인, 순발력 있는, 신중한, 여유 있는, 열정적인, 용기 있는, 자신감이 있는, 자유로운, 재치 있는, 적극적인, 적응력이 뛰어난, 정의로운, 조화로운, 지혜로운, 착한, 참을성이 있는, 책임감이 강한, 체계적인, 친절한, 편견이 없는, 한결같은, 합리적인, 협조적인, 활발한, (그 외)

친구의 성장을 위해
'지적하는 편지' 쓰기

프롤로그

아이들은 친한 친구일수록 아쉽거나 불편한 마음을 표현하는 것이 어려워 보인다. 친구의 기분을 알아주고 내 기분을 표현하고 내가 하고 싶은 지적의 말을 전할 수 있게 되면 좋을 텐데. 연습을 통해 관계를 해치지 않으면서 내 마음을 표현하여 상대에게 영향을 끼칠 수 있게 되길 바라는 마음으로 활동을 구상하였다. 영화를 본후 영화 속 인물에게 말하듯이 연습하고 편지쓰기를 통해 내 마음 표현하기를 익히도록 하였다. 이 활동으로 친구에게 아쉽고 불편한 마음이 친구의 변화와 성장을 바라는 마음일 수 있다는 것을 알게 되고 아이들의 삶에서 쓰일 수 있기를 바란다.

목적

❶ 영화 속 인물의 기분이 어땠을지 알아주고 내 기분을 찾아봄으로써 상대에게 공감하고 자기감정을 자각하는 힘을 기른다.

❷ 보고 들은 사실에서 내가 느낀 감정, 생각, 본심을 찾는 힘을 기

른다.

❸ 영화 속 인물에게 해주고 싶은 말을 찾아 편지를 써봄으로써 상대에게 바라는 본심을 찾고 표현하는 기회를 갖는다.

❹ 영화 속 인물에게 편지쓰기를 통해 상대의 변화와 성장을 바라는 마음을 글로 표현한다.

준비

- **준비물**　　　활동지(영화 속 인물에게 하고 싶은 말),
　　　　　　　　편지지, 영화 파일
- **시　간**　　　20분(영화감상 별도)
- **인원 및 형태**　개인 활동, 전체 활동

흐름

❶ **활동의 목적을 안내한다.**

"영화 속 주인공에게 여러분이 정말 해주고 싶은 말을 찾아 해주는 시간을 가지려 합니다. 이 활동을 통해서 친구가 변화하고 성장하길 바라는 마음을 관계를 해치지 않고 잘 전하는 방법을 연습하게 되길 바랍니다."

❷ **영화 '천국의 아이들' 감상**(110분)

영화 '천국의 아이들' 줄거리 ─────

중학교 기간제 교사인 유진은 어느 날, 교장으로부터 문제학생들을 데리고 방과후 동아리활동을 하라는 지시를 받는다. 교장이 바라는 수업의 목적은 아이들이 방과후에 학교 밖에 나가 사고를 치지 않게 하는 것이다. 하지만 아이들은 폭력사건으로 축구부에서 제명된 짱 정훈, 길에서 담배삥을 뜯는 성아를 비롯한 아이들. 이들을 데리고 유진은 서울 학생 동아리 한마당 장기자랑을 목표로 삼고 뮤지컬 공연을 연습을 시작한다.

- 중략 -

❸ 활동지에 영화 속 인물의 기분과 내 기분, 그 사람에게 해주고 싶은 말을 찾아 적는다.

"성아야~ 네가 울 때 정말 힘들고 속상했겠다. 나는 슬프고 안타까웠어. 나는 네가 편안해지면 좋겠어."

❹ 작성한 활동지 내용을 바탕으로 영화 속 인물에게 편지를 쓴다.

❺ 활동 과정에서의 소감을 전체에서 발표한다.

TIP

❶ 영화의 일부, 짧은 동영상, 짧은 이야기, 그림 동화 등을 보고 활동할 수 있다.

❷ 짝과 서로에게 편지쓰기를 할 수 있다.

영화 속 인물에게 하고 싶은 말

▣ **영화를 보고 느낀 나의 감정(기분)을 모두 ○표 하세요.**

가볍다. 감동적이다. 고맙다. 기대되다. 기쁘다. 긴장이 풀린다. 놀라다. 두근거리다. 만족스럽다. 반갑다. 부럽다. 뿌듯하다. 사랑스럽다. 서럽다. 설레다. 시원하다. 신나다. 안심되다. 편안하다. 행복하다. 힘나다. 걱정된다. 귀찮다. 긴장되다. 답답하다. 당황스럽다. 막막하다. 망설여지다. 무기력하다. 무섭다. 미안하다. 밉다. 부끄럽다. 부담스럽다. 분하다. 불안하다. 불편하다. 섭섭하다. 속상하다. 슬프다. 실망스럽다. 싫다. 심심하다. 쑥스럽다. 아쉽다. 안타깝다. 얄밉다. 어색하다. 피곤하다. 허전하다. 혼란스럽다. 화나다. 후회스럽다. 힘들다. (그 외)

▣ **영화에서 가장 인상 깊은 장면을 떠올려봅시다. 그 장면 속의 한 사람의 기분이 어땠을지 알아주고 나의 기분을 말하듯 써봅시다. 그 사람을 위해서 정말 해주고 싶은 말이 있다면 써봅시다.**

예 성아야~ 네가 울 때 정말 힘들고 속상했겠다. 나는 슬프고 안타까웠어. 나는 네가 편안해지면 좋겠어.

따뜻한 헤어짐을 위한 성품 롤링 페이퍼

프롤로그

한 해를 마무리하는 학년말, 우리 반에 대한 좋은 기억을 간직하게 되길 바라며 아이들과 따뜻한 시간을 가지고 싶었다. 아이들은 일 년 동안 함께 생활한 친구의 성품을 더 깊이 있게 찾아내고 알아줄 수 있을 것이다. 그래서 모두가 서로 칭찬해주고 북돋워 줄 수 있도록 성품 찾아주기 롤링페이퍼를 해보기로 마음먹었다. 아이들 사이에 나도 끼어 앉아 아이들 성품을 찾아주고 싶고, 또 아이들이 찾은 나의 성품도 듣고 싶었다. 아이들에게도 나에게도 선물 같은 시간이 되면 좋겠다는 바람으로 활동을 구상하였다.

목적

❶ 반 친구들의 성품을 찾아 주는 과정에서 다른 사람을 인정하는 경험을 한다.

❷ 친구들에게 인정받는 경험을 통해 자존감과 자신감을 높인다.

❸ 마음에 드는 성품을 골라 발표함으로써 스스로를 인정하는 경험

을 한다.

❹ 반 친구들과 학년말에 인정을 주고받는 따뜻한 헤어짐의 시간을
갖는다.

준비

- **준비물**   성품 롤링 페이퍼, 성품 단어 목록, 스티커
- **시　간**   45분
- **인원 및 형태**   개인 활동, 전체 활동

흐름

❶ 활동의 목적을 안내한다.

"한 해 동안 함께 생활하며 보아온 친구들의 성품을 찾아주고 친구들
이 찾아준 성품을 보며 친구들이 보는 나에 대해서도 알게 되는 따뜻
한 시간이 되길 바랍니다."

❷ 학급 전체가 원으로 둘러앉는다. 이때 교사도 아이들 사이에 함
께 앉는다.

❸ 성품 단어 목록과 롤링 페이퍼 종이를 제시한다.

❹ 한 방향으로 롤링 페이퍼를 넘기며 그 친구에게 가장 잘 어울리
는 성품을 찾아 스티커에 써서 붙여준다.

❺ 나에게 돌아온 나의 성품 롤링 페이퍼를 읽는다.

          공감교실 어떻게 가꿀까?

❻ 한 명이 한 가지씩 질문을 하고 질문에 해당하는 성품을 적어준 친구가 답을 들려준다.

"저는 '순발력 있는'이라는 성품을 적어준 이유가 궁금해요."

"저는 '친절한'이라는 성품이 가장 마음에 듭니다. 이 성품을 적어준 이유를 듣고 싶어요."

❼ 가장 마음에 드는 성품을 3가지 골라 "나는 ~하고, ~하고, ~사람입니다."라고 발표한다.

"나는 따뜻하고, 리더십 강하고, 끈기 있는 사람입니다."

❽ 활동 과정에서의 소감을 전체에서 발표한다.

TIP

❶ 성품과 그렇게 본 이유를 같이 적어주는 롤링 페이퍼 활동으로 응용할 수 있다. 친구의 성품을 찾고 그렇게 본 이유를 쓸 때 보고 들은 사실을 구체적으로 쓰도록 안내한다.

❷ 성품을 찾아준 사람의 이름을 적어 서로 마음이 연결될 수 있도록 할 수 있다.

성품 롤링 페이퍼

💬 **성품 단어**

개성이 있는, 겸손한, 공정한, 긍정적인, 끈기가 있는, 눈치가 빠른, 다정한, 리더십이 강한, 모범적인, 믿음직한, 배려심이 있는, 분명한, 상냥한, 섬세한, 성실한, 솔선수범하는, 솔직한, 수용적인, 순발력 있는, 신중한, 여유 있는, 열정적인, 용기 있는, 자신감이 있는, 자유로운, 재치 있는, 적극적인, 적응력이 뛰어난, 정의로운, 조화로운, 지혜로운, 착한, 참을성이 있는, 책임감이 강한, 체계적인, 친절한, 편견이 없는, 한결같은, 합리적인, 협조적인, 활발한, (그 외)

관계의 모두를 살린다

장애학생이 친구들과
이해와 인정을 주고받으며
어울려 지내길 바라는 마음으로
진행한 활동들이다.

특수학급 활동과 통합학급 활동으로
구분하여 소개하였으며
통합학급 활동은
장애이해(인권)교육 시간에 사용할 수 있다.

PART
03

공감교실
특수

특수
학급

하루의 시작, 마음 나누기

프롤로그

아이들의 아침 컨디션을 확인하는 것은 특수교사로서 중요한 하루 일과이다. 가정에서 있었던 감정들을 가슴에 담고 온 아이들은 통합학급 친구들과의 관계에 영향을 미치기 때문에 아침에 아이들의 컨디션을 살피게 된다. 하루의 시작을 용모가 단정한지, 준비물은 챙겼는지…. 사실적인 정보를 확인하는 방식에서 아이들의 마음을 물어보는 것으로 방법을 바꾸어 보았다. 선생님이 마음을 알아주는 것만으로도 아이들은 조금 더 편안하고 설레는 기분으로 하루를 시작하게 된다.

목적

❶ 자신의 감정을 자각하는 능력을 키울 수 있다.

❷ 감정과 생각을 표현하며 이해 받는 경험을 할 수 있다.

❸ 마음나누기를 한 후 감정의 변화를 자각하는 힘을 기를 수 있다.

공감교실 어떻게 가꿀까?

준비

- **준비물**　　　　감정 단어 목록
- **시　간**　　　　5분
- **인원 및 형태**　개인 활동

흐름

❶ 선생님은 아침인사를 하며 지금 기분이 어떤지 묻는다.

　"영호야 안녕? 오늘 기분은 어떤지 감정 단어를 보고 동그라미 해 볼래?"

❷ 학생은 감정 단어를 보고 지금 느끼고 있는 기분을 동그라미 한다.

❸ 감정과 관련된 경험을 말한다.

　"저는 속상했어요. 왜냐하면, 밥을 늦게 먹는다고 엄마한테 혼났어요."

❹ 교사는 학생의 말한 감정에 공감해 준다.

　"그랬다면 정말 속상했겠다."

❺ 감정단어에 동그라미 한 기분을 교사가 모두 공감하고 나면, 지금 기분을 묻는다.

TIP

❶ 아침 시간을 사실적인 대화나 정보 확인을 넘어서 아이들과 마

음을 나누는 대화를 한다는 것이 이 활동의 포인트다.

❷ 대부분의 특수학급에서는 조회를 하지 않기 때문에 특수교사에게 인사를 하고 통합학급으로 가는 경우가 많다. 시간적인 여유가 없을 때는 감정단어 목록을 사용하지 않고, 바로 지금 기분을 질문하면서 짧은 시간에 기분을 묻고 이해해 줄 수 있다.

교사 "지금 기분이 어때?"

학생 "속상해요."

교사 "속상했구나. 왜?"

학생 "왜냐하면 엄마한테 늦게 일어났다고 혼났어요."

교사 "그랬다면 정말 속상했겠다."

❸ 아침 마음나누기 시간을 통해서 편안해지지 않은 경우에는 통합학급 조회를 마치고 다시 불러 이야기를 하거나 별도의 시간을 갖는다.

❹ 마음나누기는 수업을 시작할 때, 쉬는 시간 등을 이용해 아이들과 수시로 활용할 수 있다.

공감교실 어떻게 가꿀까?

💬 감정 단어

가볍다. 감동적이다. 고맙다. 기대되다. 기쁘다. 긴장이 풀린다. 놀라다. 두
근거리다. 만족스럽다. 반갑다. 부럽다. 뿌듯하다. 사랑스럽다. 서럽다. 설
레다. 시원하다. 신나다. 안심되다. 편안하다. 행복하다. 힘나다. 걱정된다.
귀찮다. 긴장되다. 답답하다. 당황스럽다. 막막하다. 망설여지다. 무기력하
다. 무섭다. 미안하다. 밉다. 부끄럽다. 부담스럽다. 분하다. 불안하다. 불편
하다. 섭섭하다. 속상하다. 슬프다. 실망스럽다. 싫다. 심심하다. 쑥스럽다.
아쉽다. 안타깝다. 얄밉다. 어색하다. 피곤하다. 허전하다. 혼란스럽다. 화
나다. 후회스럽다. 힘들다. (그 외)

긍정 감정 카드로 종례하기

프롤로그

하루 종일 나쁜 일들만 있지 않을 텐데 아이들은 부정적인 생각과 감정을 주로 표현한다. 위축된 표정과 부정적인 감정들이 특수학급 아이들의 특성처럼 받아들여질 때 안타깝다. 이런 고민에서 종례 시간에 하루 동안 있었던 경험과 긍정적인 감정을 연결하는 활동을 시작하였다. 아침 조회시간을 이용하여 긍정 감정 카드를 나누어주고 그 단어와 연결된 경험을 하루 동안 찾아보게 하는 것이다. 자신이 경험한 것을 긍정 감정과 연결지어 종례 시간에 발표를 하게 된다. 이 활동을 통해 평소 그냥 지나칠 수 있는 일들도 그 속에서 긍정 감정을 자각하는 힘을 키우게 함으로써 자신의 삶을 조금 더 긍정적으로 인식하고 표현할 수 있기를 바란다.

목적

❶ 긍정적인 감정에 주의를 기울일 수 있다.
❷ 긍정 감정 찾기를 통해 긍정적 자아상을 키울 수 있다.

공감교실 어떻게 가꿀까?

❸ 친구들에게 표현하고 공감 받는 경험을 통해 친밀감을 높일 수 있다.

준비

- **준비물**   긍정 감정 카드
- **시 간**   10~15분
- **인원 및 형태**   짝 활동, 전체 활동

흐름

❶ 활동의 목적을 안내한다.

"오늘 하루 동안 긍정 감정 카드에 적힌 감정과 연결된 경험을 잘 기억해 두었다가 종례시간에 함께 나누어 보아요."

❷ 긍정 감정 카드를 책상 위에 단어가 보이지 않도록 뒤집어 놓는다.

❸ 학생들은 카드를 한 장씩 가지고 간다.(무작위로 감정단어를 뽑게 한다.)

❹ 하루 동안 생활하며 카드에 적힌 감정과 연관된 경험을 종례시간에 발표한다.

"나는 오늘 급식시간에 짝꿍이 옆에 앉으라고 해서 기분이 흐뭇했어."

❺ 발표에 대해서 친구들은 감정을 함께 알아준다.

"흐뭇했구나."

❻ 모두의 발표가 끝나면 참가한 학생들이 모두 지금 기분을 돌아
가면서 말한다.

TIP

❶ 활동 초기에는 교사가 의도적으로 학생에게 필요한 긍정 감정
단어를 제시해 줄 수 있다. 활동 후반으로 갈수록 무작위 긍정
감정 단어를 제시한다.

❷ 하루 동안 다른 친구들에게 보여주지 않고 스스로 감정을 느끼
고 찾아보도록 한다.

❸ 카드는 언제든지 꺼낼 볼 수 있도록 옷 주머니에 들어갈 크기로
만든다.

❹ 카드를 잃어버리는 경우가 자주 있어서 여분의 카드를 만들어
놓는다.

❺ 활동 초기에는 교사가 다양한 상황에서 느낄 수 있는 긍정 감정
을 표현함으로써 지속적으로 시범을 보여 준다.

"선생님은 지금 뿌듯해. 왜냐하면 지금 수업 종소리가 났는데 모두 자
리에 앉아 있기 때문이야."

공감교실 어떻게 가꿀까?

💬 긍정 감정 단어

가볍다. 감동적이다. 고맙다. 기대되다. 기쁘다. 긴장이 풀린다. 놀라다. 두 근거리다. 만족스럽다. 반갑다. 부럽다. 뿌듯하다. 사랑스럽다. 서럽다. 설레다. 시원하다. 신나다. 안심되다. 편안하다. 행복하다. 힘나다. (그 외)

👆 긍정 감정 단어 카드 예시

감동적이다	고맙다

감정자각하기

프롤로그

자신의 감정을 '좋다, 싫다' 정도로만 표현하는 아이들을 자주 만나게 된다. 내가 화가 났을 때 화가 난다고 말할 수 있는 것과 말하지 못하는 것은 자신감의 차이일 수 있다. 내 마음을 표현하고 이해받는 경험을 통해 아이들의 자신감이 높아지길 바라는 마음으로 이 활동을 하게 되었다. '감정자각하기'를 하는 아이들이 스스로 자신을 소중하게 대하는 모습으로 여겨져 안심되었다.

목적

❶ 내가 느끼는 다양한 감정을 자각할 수 있다.
❷ 내가 느끼는 가장 큰 감정을 찾을 수 있다.
❸ 감정을 표현하고 이해받을 수 있다.

준비

▪ 준비물 　　　　감정 단어 목록(235쪽 참고)

- **시　간**　　　　　45분
- **인원 및 형태**　　개인 활동, 짝 활동, 전체 활동

흐름

❶ 감정 단어 목록을 보고 지금-여기 감정을 찾아 동그라미를 한다.

❷ 가장 크게 느껴지는 감정을 표시한다.

❸ 학생이 감정을 하나씩 말하면 교사와 듣는 학생들은 입으로 듣기를 한다.

　A "속상했어요."

　B "속상했구나."

❹ 모든 기분을 말하면 지금 기분을 묻는다.

TIP

❶ 감정단어를 보고 자신의 감정을 자각하기 어려운 학생은 그림으로 표현된 감정카드를 활용하면 도움이 된다.

❷ 교사는 다양한 상황에서 감정을 표현함으로써 학생들의 감정 자각을 돕는다.

❸ 교사는 학생의 감정을 충분히 공감해주어 이해받는 경험을 늘려준다.

❹ 활동을 마친 후 공감해 준 교사와 친구들에게 느껴지는 따뜻한 마음을 표현하도록 하여 지금-여기의 감정을 자각하고 표현하는 힘을 키운다.

❺ 일상생활 속에서 자주 사용할수록 좋다.

공감교실 어떻게 가꿀까?

감정-생각 연결하기

프롤로그

자신의 감정과 생각을 연결하여 말하는 것은 의사소통 능력에서 중요한 요소이다. 자기표현의 기회가 적어진 장애학생의 경우 낮은 대화수준을 보여 또래 관계를 맺는데 어려움이 있다. 다양한 상황 속에서 자신의 감정을 자각하고 표현하게 하는 '감정자각하기' 활동과 더불어 감정과 연결된 자신의 생각을 찾고 표현하는 활동을 통해 자기표현 능력을 향상시킬 수 있다.

목적

❶ 내가 느끼는 다양한 감정을 자각할 수 있다.

❷ 내가 느끼는 가장 큰 감정을 찾을 수 있다.

❸ 감정과 생각을 연결하여 말할 수 있다.

❹ 감정과 생각을 표현하고 이해받을 수 있다.

준비

- **준비물**   활동지(감정-생각 연결하기)
- **시 간**   45분
- **인원 및 형태**   개인 활동, 짝 활동, 전체 활동

흐름

❶ 감정 단어 목록을 보고 지금-여기 감정을 찾아 동그라미를 한다.

❷ 가장 크게 느껴지는 감정을 표시한다.

❸ 가장 크게 느껴지는 감정을 떠올리면 드는 생각을 말한다.

❹ 학생이 감정을 하나씩 말하면 교사와 듣는 학생들은 입으로 듣기를 한다.

   A "속상했어요."

   B "속상했구나."

❺ 감정과 연결된 생각을 말한다. 교사와 듣는 학생들은 표현된 감정에 대해 입으로 듣기를 한다.

   A "속상했어요. 왜냐하면 짝꿍이 제 볼펜을 그냥 가져갔어요."

   B "그랬다면 정말 속상했겠다."

❻ 감정-생각을 모두 말한 후 지금 기분을 말한다.

TIP

❶ 감정단어를 보고 자신의 감정을 찾기 어려운 학생은 그림으로 표현된 감정카드를 이용할 수 있다.

❷ 교사는 다양한 상황에서 감정-생각을 연결하여 표현함으로써 모델링 할 수 있게 돕는다.

❸ 활동을 마친 후 공감해 준 교사와 친구들에게 느껴지는 마음을 표현하도록 하여 편안한 마음을 확인한다. 편안해지지 않은 경우에는 불편한 감정을 더 알아준다.

❹ 일상생활에서 감정과 생각을 연결하여 말할 때마다 격려한다.

감정-생각 연결하기

▣ 지금 가장 크게 드는 감정을 찾아 ○표 하세요.

가볍다. 감동적이다. 고맙다. 기대되다. 기쁘다. 긴장이 풀린다. 놀라다. 두근거리다. 만족스럽다. 반갑다. 부럽다. 뿌듯하다. 사랑스럽다. 서럽다. 설레다. 시원하다. 신나다. 안심되다. 편안하다. 행복하다. 힘나다. 걱정된다. 귀찮다. 긴장되다. 답답하다. 당황스럽다. 막막하다. 망설여지다. 무기력하다. 무섭다. 미안하다. 밉다. 부끄럽다. 부담스럽다. 분하다. 불안하다. 불편하다. 섭섭하다. 속상하다. 슬프다. 실망스럽다. 싫다. 심심하다. 쑥스럽다. 아쉽다. 안타깝다. 얄밉다. 어색하다. 피곤하다. 허전하다. 혼란스럽다. 화나다. 후회스럽다. 힘들다. (그 외)

▣ 감정과 연결된 생각을 적으세요.

....

🍎 '입으로 듣기' 연습

  A 나는 .... 한 기분이 들었어.

  B 너는 .... 한 기분이었구나.

  A 왜냐하면 .... 라고 생각했기 때문이야.

  B 그랬다면 .... 한 기분이 들었겠어.

05

사실-생각 구분하기

프롤로그

'너 왜 늦었어?'라고 걱정하며 물어보는 친구의 말을 듣고 위축되고 속상해 하는 경우가 있다. 아이들이 마음공책을 통해 사실과 생각을 구분하는 것만으로 상황을 보다 객관화해서 바라볼 수 있는 힘을 조금씩 갖게 되었다. 거기에 더해 충분한 공감을 받은 아이들은 감정적으로 안정을 찾고, 자신의 행동과 상대를 바라볼 수 있는 여유를 갖게 되었다. 여유를 가진 아이들은 상대를 탓하는 것이 아니라 자기 스스로 새로운 대처 행동을 찾게 된다.

목적

❶ 감정을 자각하고 표현할 수 있다.
❷ 감정과 관련된 사실을 표현할 수 있다.
❸ (보고 들은)사실과 자신의 생각을 구분할 수 있다.
❹ 공감을 통해 감정을 수용하고 여유를 찾을 수 있다.

준비

- **준비물**　　　　활동지(사실-생각 구분하기)
- **시　간**　　　　45분
- **인원 및 형태**　개인 활동, 짝 활동, 전체 활동

흐름

❶ 마음공책에 적혀 있는 감정 단어 중 지금-여기 감정을 찾아 동그라미를 한다.

❷ 가장 크게 느껴지는 감정을 표시한다.

❸ 교사는 감정을 충분히 공감하여 여유를 찾을 수 있도록 돕는다. 학생이 감정을 하나씩 말하면 교사와 듣는 학생들은 입으로 듣기를 한다.

　A "속상했어요."

　B "속상했구나."

❹ 모든 기분을 말하면 지금 기분을 물어보고 학생의 안정된 상태를 확인한다.

❺ 가장 큰 감정과 관련된 인식한 사실을 찾도록 한다.

　[감정]　　　속상하다.

　[인식한 사실]　짝꿍이 나에게 화를 냈다.

❻ 사실과 생각 구분하기를 한다.

> **[사실]** 짝꿍이 나에게 "왜 늦었어?"라고 말을 했다.
>
> **[생각]** 짝꿍이 나에게 화를 낸다는 생각이 들었다.

❼ 감정과 새롭게 찾은 생각을 연결하여 말한다. 발표를 들은 학생들은 입으로 듣기를 한다.

> **[감정-생각]** "속상했어요. 왜냐하면 짝꿍이 나에게 화를 낸다고 생각했기 때문이에요."
>
> **[입으로 듣기]** "속상했구나. 짝꿍이 너에게 화를 낸다고 생각했구나."

❽ 자신의 감정은 객관적 사실이 아니라 그 감정을 경험하면서 했던 생각에서 비롯된 것임을 안내한다.

TIP

❶ 이 활동은 '감정-생각 말하기' 활동에 학생들이 익숙해지면 적용할 수 있다.

❷ 감정표현을 잘하는 학생의 경우 먼저 감정에 동그라미하고 사실을 적는다.

❸ 감정자각과 표현이 익숙하지 않은 학생은 사실(경험)을 먼저 적게 하고 연결된 감정을 찾도록 안내한다.

❹ 감정이 안정되지 않았을 경우에는 충분한 공감을 해주고 가벼워진 상태에서 사실(경험)과 생각을 구분하는 활동을 한다.

❺ 활동을 마친 후 공감해 준 친구들에게 느껴지는 마음을 표현하

도록 하여 지금-여기에서의 감정을 자각하고 표현할 수 있도록
한다.

❻ 경도 지적 장애학생의 경우 모든 단계를 진행할 수 있지만, 중
도 지적장애 학생의 경우에는 활동 흐름 1~4번을 진행한다.

❼ 경도 지적 장애학생의 경우 지속적으로 안내하여 방법을 익히
게 되면 아이들끼리도 '지금 기분이 어때?'라고 묻고 답하는 대
화를 하게 된다.

공감교실 어떻게 가꿀까?

사실-생각 구분하기

❶ 감정을 찾아 ○표 하세요.

가볍다. 감동적이다. 고맙다. 기대되다. 기쁘다. 긴장이 풀린다. 놀라다. 두근거리다. 만족스럽다. 반갑다. 부럽다. 뿌듯하다. 사랑스럽다. 서럽다. 설레다. 시원하다. 신나다. 안심되다. 편안하다. 행복하다. 힘나다. 걱정된다. 귀찮다. 긴장되다. 답답하다. 당황스럽다. 막막하다. 망설여지다. 무기력하다. 무섭다. 미안하다. 밉다. 부끄럽다. 부담스럽다. 분하다. 불안하다. 불편하다. 섭섭하다. 속상하다. 슬프다. 실망스럽다. 싫다. 심심하다. 쑥스럽다. 아쉽다. 안타깝다. 얄밉다. 어색하다. 피곤하다. 허전하다. 혼란스럽다. 화나다. 후회스럽다. 힘들다. (그 외)

❷ 가장 크게 드는 감정을 1개 찾아 적으세요. (   )

❸ 2번 감정과 관련된 사실(경험)을 적으세요.

_____

❹ 사실(경험)과 생각을 구분해 보세요.

_____

👆 '입으로 듣기' 연습

    A 나는 _____ 한 기분이 들었어.

    B 너는 _____ 한 기분이었구나.

    A 왜냐하면 _____ 라고 생각했기 때문이야.

    B _____ 라고 생각했다면 _____ 한 기분이 들었겠어.

❺ 감정-사실-생각을 적으세요.

_____

체험학습 후 마음 나누기

프롤로그

특수학급에서는 일반화가 어려운 장애학생들을 위해 다양한 체험학습을 진행한다. 아이들이 수동적으로 체험학습에 참여하는 모습을 보면서 아쉬운 마음이 들었다. 체험학습에서 중요한 것은 활동 속에서 나와 내 주변 친구들의 상황을 살피면서 함께 과제를 해결해 나가는 것이다. 이러한 활동을 통해 아이들은 체험학습에서 자신이 무엇을 생각하고 느꼈는지를 스스로 찾아보고 친구의 마음도 이해할 수 있다.

목적

❶ 자신의 경험을 감정-생각으로 연결 지을 수 있다.

❷ 친구들의 발표를 들으며 나와 다른 상대의 마음을 이해할 수 있다.

❸ 나의 경험과 느낌을 찾는 과정에서 주체성과 민감성을 키울 수 있다.

공감교실 어떻게 가꿀까?

준비

- **준비물**　　　　활동지(마음나누기)
- **시 간**　　　　30~45분
- **인원 및 형태**　전체 활동

흐름

❶ **활동의 목적을 안내한다.**

"오늘 하루 동안 체험학습을 하면서 가장 생각이 나는 경험과 기분을 적어보고 함께 나누어 볼까요?"

❷ **활동지를 작성한다. 이때 교사도 함께 작성한다.**

❸ **교사와 아이들이 작성을 마치면 한명씩 모두 발표한다.**

　　[사실] 나는 극장에서 팝콘을 엎질렀다.

　　[기분] 놀랐다. 걱정됐다. 미안했다.

　　[생각] 영화 시작 시간에 늦겠다고 생각했어.

　　[본심] 앞으로 물건을 조심히 다루는 거야.

❹ **교사와 친구들은 감정을 알아준다.**

"놀랐구나, 걱정됐구나, 미안했구나."

❺ **교사와 친구들은 바라는 마음을 듣고 '꼭 그렇게 되길 바라'라고 말해 준다.**

❻ 모두 발표를 마친 후 지금-여기에서의 기분을 말한다.

TIP

❶ "체험학습 후 마음나누기" 시간을 미리 안내하여 체험학습을 하는 동안 자신의 경험과 기분이 어떤지 주의 깊게 살필 수 있도록 한다.

❷ 교사는 체험학습에서 느낀 생각과 감정을 표현함으로써 아이들과 친밀한 관계를 형성하는 시간을 갖는다.

❸ 교사는 발표한 학생의 감정을 살피고 안정된 상태를 확인한 후 지금-여기의 기분을 말할 수 있도록 한다.

공감교실 어떻게 가꿀까?

체험학습 후 마음 나누기

나의 경험	내가 보거나 들은 것 중에 기억나는 것은 무엇인가요?
나의 기분	감정단어를 보고 적어 보세요.
어떤 생각	위에 적은 감정이 들은 생각을 적어 보세요.
바라는 마음	바라는 마음을 적어 보세요.

💬 **감정 단어**

가볍다. 감동적이다. 고맙다. 기대되다. 기쁘다. 긴장이 풀린다. 놀라다. 두근거리다. 만족스럽다. 반갑다. 부럽다. 뿌듯하다. 사랑스럽다. 서럽다. 설레다. 시원하다. 신나다. 안심되다. 편안하다. 행복하다. 힘나다. 걱정된다. 귀찮다. 긴장되다. 답답하다. 당황스럽다. 막막하다. 망설여지다. 무기력하다. 무섭다. 미안하다. 밉다. 부끄럽다. 부담스럽다. 분하다. 불안하다. 불편하다. 섭섭하다. 속상하다. 슬프다. 실망스럽다. 싫다. 심심하다. 쑥스럽다. 아쉽다. 안타깝다. 얄밉다. 어색하다. 피곤하다. 허전하다. 혼란스럽다. 화나다. 후회스럽다. 힘들다. (그 외)

성품 칭찬하기

프롤로그

아이들은 오색빛깔을 가지고 있다. 선생님을 더 돕고 싶어 하는 아이, 친구들에게 친절한 아이들, 솔선수범하는 아이들.., 다양한 빛깔을 가진 아이들이 특수학급에서 생활한다. 그럼에도 아이들은 자신의 장점을 인지하고 자존감을 단단히 하기보다는 부족감을 더 많이 느끼며 위축된 모습으로 생활한다. 성품을 알아주는 활동을 통해 아이들은 사실에 근거한 성품을 인정받음으로써 자존감을 키워 갈 수 있다.

목적

❶ 성품 단어를 알 수 있다.
❷ 상대의 행동과 성품 단어를 연결 지을 수 있다.
❸ 상대를 칭찬하는 마음을 성품 단어를 통해 표현할 수 있다.

준비

- **준비물**　　　　활동지(성품칭찬)
- **시 간**　　　　45분
- **인원 및 형태**　짝 활동, 전체 활동

흐름

❶ 활동의 목적을 안내한다.

"친구에게 어울리는 성품 단어를 적고, 그렇게 생각하는 이유를 내가 보거나 들은 것을 기억하여 적어보세요."

❷ 활동지를 작성한다. (내가 본 친구의 행동과 성품 단어를 연결한다.)

❸ 한 친구에 대해 모든 친구들이 자신이 인식한 사실과 성품을 연결하여 말한다.

"태을이는 친절해요. 왜냐하면 제가 교실에 들어오는데 안녕~ 이라고 말했어요."

❹ 한 명씩 돌아가며 성품 칭찬 활동을 한다.

❺ 성품 칭찬을 모두 마친 후, 내가 받은 성품 중에서 오늘 더 가꾸고 싶은 성품을 고르고 이유를 말한다.

[받은 성품] '친절하다, 배려심이 크다, 다정하다, 적극적이다.'

"나는 친절한 성품을 키우고 싶어. 왜냐하면 나는 다른 사람을 위해 뭔가 하는 걸 좋아하거든."

❻ 교사와 친구들은 "꼭 그렇게 되길 바라."라고 말하며 박수를 친다.

TIP

❶ 성품 단어 중에서 낯선 단어를 질문하게 한다.

❷ 교사가 먼저 학생에게 성품-이유를 연결하여 시범을 보인다.

❸ 한 학생이 충분히 칭찬을 받고 마음으로 느낄 수 있도록 시간을 여유 있게 갖는다.

❹ 성품칭찬을 받고 지금 가장 마음에 드는 성품을 고르고 이유를 말하게 하여 스스로 성품을 키워나가려는 마음을 이끌어 낼 수 있다.

❺ 교사가 성품칭찬을 일상생활에서 자주 사용하여 성품 단어를 이해할 수 있는 기회를 다양하게 마련한다.

❻ 수업시간에 받은 성품들을 포스트잇으로 붙여서 학생별로 성품 나무를 만들어 게시할 수 있다.

공감교실 어떻게 가꿀까?

성품 칭찬하기

이름	사실	성품 칭찬
장태을 (예시)	내가 교실에 들어오는데 태을이가 '안녕'이라고 했다.	따뜻하다. 상냥하다.

💬 **성품 단어**

개성이 있는, 겸손한, 공정한, 긍정적인, 끈기가 있는, 눈치가 빠른, 다정한, 리더십이 강한, 모범적인, 믿음직한, 배려심이 있는, 분명한, 상냥한, 섬세한, 성실한, 솔선수범하는, 솔직한, 수용적인, 순발력 있는, 신중한, 여유 있는, 열정적인, 용기 있는, 자신감이 있는, 자유로운, 재치 있는, 적극적인, 적응력이 뛰어난, 정의로운, 조화로운, 지혜로운, 착한, 참을성이 있는, 책임감이 강한, 체계적인, 친절한, 편견이 없는, 한결같은, 합리적인, 협조적인, 활발한, (그 외)

👆 **오늘 가꾸고 싶은 나의 성품**

....

👆 **가꾸어 나가고 싶은 이유**

....

통합
학급

새로운 반이 되어

프롤로그

프롤로그

학년 초에는 장애가 있는 아이들뿐만 아니라 모든 아이들이 낯선 환경에 적응해야 하는 어려움이 생긴다. 새로운 환경에 적응해야 하는 모든 아이들의 마음을 나눌 수 있다면 조금 편안하게 학교생활을 할 수 있을 것이다. 특수교사로서 통합학급의 모든 아이들이 서로를 이해하고 편안한 관계를 형성할 수 있게 도와주고 싶은 마음에 이 활동을 하였다. 장애학생도 비장애 친구들과 함께 자신의 감정을 표현하고 친구의 마음을 공감하는 모습을 통해 선입견에서 벗어나 있는 그대로를 바라보며 서로가 원하는 반을 만들어 갈 수 있다.

목적

❶ 새로운 반이 되어 느끼는 감정들을 나눌 수 있다.
❷ 장애가 있는 친구의 마음을 이해할 수 있다.
❸ 장애학생이 감정을 표현하고 공감하는 활동에 함께 참여할 수

있다.

❹ 학급 구성원의 본심을 통해 친밀감을 높일 수 있다.

준비

- **준비물**　　　　활동지(본심나누기)
- **시　간**　　　　45분
- **인원 및 형태**　모둠 활동, 전체 활동

흐름

❶ 활동의 목적을 안내한다.

"새로운 반에서 만나게 되어 반가워요. 낯설기도 하고 서로에 대해 궁금하기도 할 것 같아요. 우리가 느끼는 마음들을 나누고 모두가 원하는 반이 어떤 모습인지 함께 나누는 시간이 되길 바라요."

❷ 활동지를 나누어 주고 작성 방법을 안내한다.

"나는 4반이 되어 걱정되는 기분이 들었어. 왜냐하면 '친한 친구가 없다'는 생각을 했기 때문이야. 내가 정말 원하는 것은 친한 친구를 만드는 거야."

❸ 모두 작성을 마치면 한 명씩 발표한다.

❹ 발표를 듣는 학생들은 교사의 시범을 보고 '입으로 듣기'를 한다.

"너는 걱정되었구나. 네가 정말 원하는 것은 친한 친구를 만드는 것이구나."

❺ 모든 학생이 발표를 마치면 통합학급 아이들의 바람을 지지하는 마음을 담아 교사도 발표를 한다.

"선생님은 설레는 기분이 들어. 왜냐하면 모두 기분과 본심을 잘 표현했기 때문이야. 선생님이 원하는 것은 4반이 원준이(장애학생)는 물론 너희들 모두의 바람이 다 이루어지는 반이 되는 거야."

❻ 서로의 본심을 지지하며 수업을 마친다.

"모두 꼭 그렇게 되길 바라."

TIP

❶ 장애학생에게 미리 수업의 목적을 이야기하고 동의를 구하여 함께 참여할 수 있도록 한다.

"원준이가 통합학급에서 안전하고 따뜻하게 지내길 바라는 마음이에요. 오늘 수업을 통해 원준이와 친구들의 마음이 어떤지, 어떤 반이 되길 원하는지 서로의 마음을 나누길 바라요. 함께 해 볼까요?"

❷ 모든 학생들이 수업에 적극적으로 참여하여 감정 표현을 할 수 있도록 공감과 지지를 한다.

❸ 장애학생도 활동지를 작성하고 발표를 꼭 하도록 한다. 학생 수준에 따라 미리 활동을 연습해도 좋다.

❹ 장애학생이 슬픔이나 아픔을 잘 느끼지 못하는 것이 아니라는 것을 활동 모습을 통해 알 수 있게 한다.

❺ 통합학급 학생들과 특수교사가 따뜻한 관계를 형성하여 원만한

통합교육이 되게 한다.

❻ 통합학급 담임교사와 협의하여 학년 초에 진행하면 좋다.

새로운 반이 되어

■ 우리 반이 되어 느낀 감정 모두 체크

가볍다. 감동적이다. 고맙다. 기대되다. 기쁘다. 긴장이 풀린다. 놀라다. 두근거리다. 만족스럽다. 반갑다. 부럽다. 뿌듯하다. 사랑스럽다. 서럽다. 설레다. 시원하다. 신나다. 안심되다. 편안하다. 행복하다. 힘나다. 걱정된다. 귀찮다. 긴장되다. 답답하다. 당황스럽다. 막막하다. 망설여지다. 무기력하다. 무섭다. 미안하다. 밉다. 부끄럽다. 부담스럽다. 분하다. 불안하다. 불편하다. 섭섭하다. 속상하다. 슬프다. 실망스럽다. 싫다. 심심하다. 쑥스럽다. 아쉽다. 안타깝다. 얄밉다. 어색하다. 피곤하다. 허전하다. 혼란스럽다. 화나다. 후회스럽다. 힘들다. (그 외)

❶ 나는 우리 반이 되어 .... 한 기분이 들었어.

❷ 왜냐하면 .... 라고 생각했기 때문이야.

❸ 나는 우리 반이 .... 반이었으면 좋겠어.

☝ '입으로 듣기' 연습

A 나는 우리반에서 생활하면서 .... 한 기분이 들었어.

B 네 말은 우리반에서 생활하면서 .... 기분이 들었다는 거지?

A 나는 우리반이 .... 이 되었으면 좋겠어.

B 네 말은 우리반이 .... 이 되었으면 좋겠다는 말이지?

사진카드를 이용한 마음 나누기

프롤로그

통합학급에서 생활하면서 크고 작은 갈등이 일어나게 된다. 해소되지 않은 감정들이 학교 폭력으로 이어지는 경우가 많다. 특수교사는 통합학급 친구들과 수업을 통해서 자주 만날 수 있는 것이 아니기 때문에 보다 쉽게 자신의 이야기를 표현할 수 있도록 사진카드를 도구로 사용하였다. 이 활동을 통해 친구들과 함께 생활하면서 불편했던 마음이나 우리 반에 대한 서로의 마음들이 표현된다. 친구의 마음이 표현될 때 지지와 위로를 나누는 모습을 보면서 통합교육에 한 걸음 다가가는 것 같아 믿음직스러웠다.

목적

❶ 주제에 따라 자신의 생각을 사진카드로 표현한다.
❷ 친구들에게 이해 받는 과정을 통해 소속감을 높인다.
❸ 장애가 있는 친구의 감정과 생각을 이해할 수 있다.

준비

- **준비물**　　　　사진카드
- **시　간**　　　　45분
- **인원 및 형태**　전체 활동

흐름

❶ 활동의 목적을 안내한다.

"요즘 어떻게 지내고 있는지 궁금해요. 여러분은 옆의 친구가 요즘 어떤 생각을 하고 어떤 감정을 느끼고 있는지 알고 있나요? 이번 시간은 우리가 우리 반에 대한 자신의 생각을 이야기하며 서로를 이해할 수 있는 시간이 되었으면 좋겠어요."

❷ 사진카드를 교실 가운데에 펼쳐 놓고 사진을 중심으로 하나의 원으로 둘러앉는다.

❸ '우리 반은 ~하다'라는 주제를 듣고 마음에 드는 사진을 고른다.

❹ 사진에 포스트잇을 붙여 우리 반에 대한 자신의 생각을 적는다.

"우리 반은 비빔밥 같다. 왜냐하면 다양한 친구들이 모여서 함께 조화롭게 어울리기 때문이다."

❺ 사진을 친구들이 볼 수 있도록 가슴 앞쪽에 보여주면서 발표를 한다.

❻ 모든 학생이 발표를 마치면 교사도 발표한다.

"4반은 실타래 같아. 왜냐하면 서로 연결되어 있는 것 같고 하나로 뭉쳐있는 느낌이 들기 때문이야."

❼ 발표한 친구의 생각을 듣고 난 후 생각이나 감정으로 자유롭게 피드백 한다.

TIP

❶ 사진카드를 통해 가볍게 활동에 참여할 수 있도록 분위기를 형성한다.

❷ 안전하게 표현될 수 있도록 서로의 생각과 감정을 존중하자고 약속한다.

❸ '우리 반'에 대한 생각을 나눔으로써 안정감과 소속감이 향상될 수 있도록 활동한다.

❹ 교사는 친구의 사진카드를 보거나 생각을 듣고 난 후 서로의 생각이나 감정이 나눠질 수 있도록 유도한다.

10

감정빙고

프롤로그

학생들은 감정의 공감대가 형성될 때 학급을 안전하고 따뜻하게 느낀다. 학기 중반에 '우리 반'에 대해 느끼는 감정을 빙고게임을 통해 함께 공유할 수 있다. 빙고를 외치는 아이들의 모습에서 공감의 기쁨과 게임의 희열이 함께 묻어난다. 어느 시간보다 적극적으로 수업에 참여하는 모습에서 활기가 느껴지고 그 속에서 나만 느끼는 감정이 아니라는 것에 안심하는 것 같다. 이 활동을 통해 장애학생 뿐만 아니라 통합학급 친구들도 마찬가지로 학급 속에서 다양한 생각과 감정을 느끼고 있다는 것을 알게 되었다.

목적

❶ 감정빙고 게임을 통해 친구들과 친밀감을 형성할 수 있다.
❷ 같은 감정을 느낀 친구와 정서적으로 연결되는 경험을 할 수 있다.
❸ 같은 감정을 느껴도 생각이 다르다는 것을 알 수 있다.
❹ 게임 활동을 통해 활기찬 분위기를 조성할 수 있다.

           공감교실 어떻게 가꿀까?

준비

- **준비물**　　　　활동지(감정빙고)
- **시　간**　　　　45분
- **인원 및 형태**　　4인 모둠 활동, 전체 활동

흐름

❶ 활동의 목적을 안내한다.

"통합학급 친구들이 요즘 어떻게 지내는 지 궁금해요. 감정빙고 시간을 통해서 우리 반 친구들은 어떤 마음과 생각으로 지내는지 알고 서로를 조금 더 이해할 수 있는 시간이 되길 바라요."

❷ 4인 1조 모둠을 구성한다.

❸ 감정빙고 활동지를 모둠별로 1장씩 나누어 준다.

❹ 활동 방법을 설명한다.

① '우리 반'을 생각하면 드는 감정을 적는다. 빙고게임을 염두에 두고 우리 반 친구들이 모두 느낄 만한 감정들을 적도록 한다.

② 감정에 연결된 생각을 적는다.

③ 감정만 맞추면 빙고가 된다.

④ 감정에 따른 생각을 발표하여 같은 감정이어도 생각이 서로 다를 수 있음을 안내한다.

❺ 상황에 따라 빙고 숫자를 정하고 감정빙고 게임을 한다.

TIP

❶ 주제는 상황에 따라 다양하게 적용할 수 있다.

❷ 감정만 맞추면 빙고가 되고, 감정이 같아도 생각이 다를 수 있
다는 것을 설명해 준다.

❸ '우리 반'을 생각하면 드는 감정에 초점을 두고 활동할 수 있도
록 한다.

공감교실 어떻게 가꿀까?

감 정 빙 고

우리 반을 떠올리면?	우리 반을 떠올리면?	우리 반을 떠올리면?
.... 합니다. 왜냐하면 .... 라고 생각하기 때문 입니다.	.... 합니다. 왜냐하면 .... 라고 생각하기 때문 입니다.	.... 합니다. 왜냐하면 .... 라고 생각하기 때문 입니다.
우리 반을 떠올리면?	우리 반을 떠올리면?	우리 반을 떠올리면?
.... 합니다. 왜냐하면 .... 라고 생각하기 때문 입니다.	.... 합니다. 왜냐하면 .... 라고 생각하기 때문 입니다.	.... 합니다. 왜냐하면 .... 라고 생각하기 때문 입니다.
우리 반을 떠올리면?	우리 반을 떠올리면?	우리 반을 떠올리면?
.... 합니다. 왜냐하면 .... 라고 생각하기 때문 입니다.	.... 합니다. 왜냐하면 .... 라고 생각하기 때문 입니다.	.... 합니다. 왜냐하면 .... 라고 생각하기 때문 입니다.

갈등을 넘어 본심 만나기

프롤로그

　쉬는 시간에 문을 열고 들어오는 아이의 표정이 심상치가 않다. 아이는 억울함과 화가 가라앉지 않아 얼굴에 불편함이 가득하다. 아니나 다를까 통합학급에서 싸우고 내려왔다고 한다. 어떻게 하면 갈등상황에서 화를 내거나, 위축되는 방식이 아닌 자신의 생각과 감정을 표현하면서 이해 받을 수 있을까? 안타깝고 걱정이 된다. 갈등상황을 피해자와 가해자의 입장에서 한 걸음 나아가 모든 아이들이 그 상황에서 느낀 감정과 생각을 나눌 수 있다면 서로를 이해하는데 도움이 될 것 같다. 본심만나기 시간을 통해 장애학생이 갈등상황에서 느낀 감정과 생각을 들은 비장애 친구들은 놀라워한다. 장애학생이 그 상황 속에서 느낄 만한 감정과 생각들을 공감하기 때문이다. 서로의 마음을 나누고 본심을 만나가는 과정 자체가 장애와 비장애를 넘어 따뜻하고 안전한 학급, 공감교실이 되어 가는 길이다.

목적

❶ 통합학급에서 일어난 갈등 상황을 함께 해결할 수 있다.

❷ 부정감정을 자각하고 표현하면서 이해받을 수 있다.

❸ 부정감정 아래의 본심을 확인하고 서로 따뜻한 마음을 확인할 수 있다.

❹ 장애가 있는 친구가 감정-생각-본심을 표현하는 모습을 보며 이해의 폭을 넓힐 수 있다.

준비

- **준비물**　　　　활동지(본심만나기)
- **시　간**　　　　45분
- **인원 및 형태**　　모둠 활동, 전체 활동

흐름

❶ 활동의 목적을 안내한다.

"지금 (통합학급에서) 갈등상황이 일어난 것 같아요. 여러분들이 서로 상처받지 않고 자신의 마음을 표현하면서 서로를 이해할 수 있으면 좋겠어요. 이 시간을 통해 서로가 원하는 본심을 확인하고 안전하고 따뜻한 반이 되길 바라요. 여러분들이 원하는 본심이 이루어질 수 있도록 선생님도 돕고 싶어요."

❷ 본심만나기 활동지를 나누어주고 작성하게 한다.

　① 나는 (갈등상황　　　　　　)보고, 　　　　　　기분이 들었어.

② 왜냐하면 ＿＿＿＿＿＿＿＿＿＿＿＿＿＿ 라고 생각했기 때문이야.

③ 내가 정말 원하는 것은 ＿＿＿＿＿＿＿＿＿＿ 하는 것이야.

❸ 모두 작성을 하면 한 명씩 발표하게 한다.

❹ 발표를 듣는 학생들은 교사의 시범을 보고 '입으로 듣기'를 한다.

"너는 ＿＿＿＿＿ 기분이구나, 네가 정말 원하는 것은 ＿＿＿＿＿ 이구나."

❺ 발표 학생의 상태를 확인하고 가벼워 보이면 다음 학생이 발표를 한다. 만약 불편해 보이면 충분한 공감을 해주거나 이후 별도의 시간을 갖자고 양해를 구한다.

❻ 모든 아이들이 발표를 마치면 발표한 본심을 정리해 줌으로써 전체의 마음이 연결될 수 있도록 한다.

TIP

❶ 수업 시작 전에 갈등 당사자가 불편한 감정이 클 경우, 여유가 생길 수 있도록 마음을 알아주고 활동 목적을 안내한다.

"지금 불편한 마음이 클 것 같아. 이 시간을 통해서 너의 마음을 (상대)친구가 듣고 이해 받을 수 있길 바라. 선생님도 네가 편안해지고 (상대)친구와 반 아이들에게 이해받을 수 있도록 돕고 싶어. 함께 할 수 있겠니?"

❷ 갈등을 일으킨 당사자가 장애 학생일 경우에는 활동과정에서 자칫 비난 받는 기분이 들 수 있으므로 수업이 시작되기 전에

미리 설명해 주고 동의를 하면 수업에 참여한다.

"본심만나기 시간을 통해 서로의 마음을 표현하고 이해 할 수 있는 시간을 갖고자 해. 너의 마음과 본심을 표현함으로써 친구들도 네가 원하는 것을 이해하는 시간이 될 거야. 함께 해 볼 수 있겠니?"

❸ 원으로 자리 배치가 어려운 경우 자신의 자리에서 활동할 수 있다.

❹ 발표를 듣는 학생들은 공감과 경청의 자세로 듣기로 약속한다.

❺ 제한된 수업시간 안에 함께 마음이 편안해지고 갈등이 해결될 수 있도록 시간을 골고루 사용하자고 안내한다.

❻ 수업 중에 한 학생에게 오래 집중될 때는 공감을 충분히 해주거나 수업을 마친 후 별도의 시간을 갖자고 말한다.

❼ 활동 이후 갈등당사자를 따로 불러 달라진 감정과 생각을 확인한다. 갈등당사자의 본심을 지지해 주고 본심행동을 구체적으로 정한다.

[본심]　　제 말을 존중해주었으면 좋겠어요.

[본심행동] 기분이 상하지 않게 (장애)친구에게 따뜻하게 말하기

❽ 공감수업으로 진행하는 장애이해교육은 정기적으로 일정을 정해 놓고 진행하는 것이 좋지만 학교폭력이 장애학생을 둘러싸고 발생했을 때는 담임교사와 협의하여 특수교사가 바로 진행하는 것이 좋다.

갈등을 넘어 본심 만나기

▣ 지금 느껴지는 감정 모두 체크

가볍다. 감동적이다. 고맙다. 기대되다. 기쁘다. 긴장이 풀린다. 놀라다.
두근거리다. 만족스럽다. 반갑다. 부럽다. 뿌듯하다. 사랑스럽다. 서럽
다. 설레다. 시원하다. 신나다. 안심되다. 편안하다. 행복하다. 힘나다.
걱정된다. 귀찮다. 긴장되다. 답답하다. 당황스럽다. 막막하다. 망설여
지다. 무기력하다. 무섭다. 미안하다. 밉다. 부끄럽다. 부담스럽다. 분하
다. 불안하다. 불편하다. 섭섭하다. 속상하다. 슬프다. 실망스럽다. 싫
다. 심심하다. 쑥스럽다. 아쉽다. 안타깝다. 얄밉다. 어색하다. 피곤하
다. 허전하다. 혼란스럽다. 화나다. 후회스럽다. 힘들다. (그 외)

❶ 나는 ＿＿＿＿＿＿＿＿＿＿ 보고(듣고) ＿＿＿＿＿＿＿＿＿ 기분이 들었어.

❷ 왜냐하면 ＿＿＿＿＿＿＿＿＿＿＿＿＿＿ 생각했기 때문이야.

❸ 나는 ＿＿＿＿＿＿＿＿＿＿＿＿＿＿＿＿＿ 되었으면 좋겠어.

🍎 '입으로 듣기' 연습

   A 나는 ＿＿＿＿＿＿＿ 보고(듣고) ＿＿＿＿＿＿＿ 기분이 들었어.

   B 네 말은 ＿＿＿＿＿＿ 보고(듣고) ＿＿＿＿＿ 기분이 들었다는 거지?

   A 나는 ＿＿＿＿＿＿＿＿＿＿＿＿ 하는 생각을 했기 때문이야.

   B 나는 ＿＿＿＿＿＿＿＿＿ 라는 생각을 했다는 말이구나.

      그랬다면 기분이 ＿＿＿＿＿＿＿＿＿＿ 했겠다.

   A 내가 정말 원하는 것은 ＿＿＿＿＿＿＿＿＿ 하는 거야.

   B 니가 정말 원하는 것은 ＿＿＿＿＿＿＿＿＿ 라는 말이구나.

사방 칭찬하기

프롤로그

통합학급에서 생활하며 서로에 대한 마음을 성품칭찬으로 나누는 시간을 마련하였다. 평소 느꼈던 친구에 대한 따뜻한 마음을 자각할 수 있고 그 마음을 '사방칭찬'이라는 형식으로 표현해 보는 시간이다. 처음에는 어색하고 어려워하지만, 곧 평소 느꼈던 칭찬을 찾아내어 서로에게 말하는 시간을 통해 서로가 힘이 되어주는 존재로 여겨지는 보물 같은 시간이 된다. 나는 통합학급 친구들에게 고맙고 든든했던 순간을 떠올리며 사방칭찬의 예시를 든다. 이 순간 아이들과 조금 더 가까워지는 느낌이 든다.

목적

❶ 사방칭찬의 방법을 익힐 수 있다.

❷ 사방칭찬을 주고받으면서 친밀감과 신뢰감을 높일 수 있다.

❸ 장애가 있는 친구와 사방칭찬을 주고받으며 친밀감을 높일 수 있다.

❹ 특수교사는 통합학급 친구들에게 고마운 마음을 표현할 수 있다.

준비

▪ 준비물	활동지(사방칭찬)
▪ 시 간	45분
▪ 인원 및 형태	모둠 활동, 전체 활동

흐름

❶ 활동의 목적을 안내한다.

"하늘이와 통합학급에서 생활하는 모습을 보고 여러분들이 따뜻하고 친절하다는 생각을 했어요. 때론 솔직하고 적극적으로 자신을 표현하는 모습도 반가웠어요. 오늘은 통합학급 친구들과 칭찬활동을 해 보려고 합니다. 사방칭찬의 방법을 배워 서로 가지고 있었던 마음들을 친구들에게 표현하는 시간이 되길 바랍니다."

❷ 본심만나기 활동지를 나누어주고 작성하게 한다.

[사실칭찬] "하늘이가 태을이에게 손을 흔들며 인사하는 모습을 보았어."

[성품칭찬] "따뜻하고 친절하게 느껴졌어."

[영향칭찬] "그 모습을 보니까 선생님도 손을 흔들며 인사하고 싶어지더라."

[질문칭찬] "어쩜 그렇게 할 수 있어?"

❸ 4인 모둠을 구성한다.

공감교실 어떻게 가꿀까?

❹ 활동지를 작성한다.

① 모둠 친구 3명에 대해 사방칭찬을 순서대로 작성한다.

② 성품칭찬은 활동지에 안내된 성품단어를 참고한다.

③ 작성을 마친 모둠은 손을 들어 교사에게 알려준다.

❺ 모둠별로 작성한 활동지를 보며 친구에게 사방칭찬을 해준다.

① 자유롭게 발표 순서를 정한다.

② 3명의 친구에게 사방칭찬을 들은 사람은 듣고 난 후 기분을 말한다.

TIP

❶ 특수교사가 통합학급 아이들과 칭찬을 주고받는 과정에서 친밀감이 형성되는 시간이 될 수 있는 시간으로 마련한다.

❷ 칭찬을 어색해 하는 경우 예를 다양하게 제시하여 아이들이 칭찬으로 여길 사실들을 떠올릴 수 있도록 안내한다.

❸ 모둠별로 활동지를 작성할 때 충분한 시간을 주고(10~15분) 모든 아이들이 작성할 수 있도록 활동 상황을 확인한다.

❹ 발표를 들은 친구는 지금 기분이 어떤지 표현하여 말한 친구와 감정적으로 연결되도록 한다.

❺ 한 학기를 마무리 하며 하는 활동으로, 학기말 고사를 마친 후 진행하면 좋다.

사 방 칭 찬

이름		칭찬
장하늘 (예시)	사실칭찬	하늘이가 태을이를 보고 손을 흔들며 인사하는 모습을 보았어.
	성품칭찬	따뜻하고 친절하게 느껴졌어.
	영향칭찬	그 모습을 보니까 선생님도 손을 흔들며 인사하고 싶더라.
	질문칭찬	어쩜 그렇게 할 수 있어?
	사실칭찬	
	성품칭찬	
	영향칭찬	
	질문칭찬	

💬 **성품 단어**

개성이 있는, 겸손한, 공정한, 긍정적인, 끈기가 있는, 눈치가 빠른, 다정한, 리더십이 강한, 모범적인, 믿음직한, 배려심이 있는, 분명한, 상냥한, 섬세한, 성실한, 솔선수범하는, 솔직한, 수용적인, 순발력 있는, 신중한, 여유 있는, 열정적인, 용기 있는, 자신감이 있는, 자유로운, 재치 있는, 적극적인, 적응력이 뛰어난, 정의로운, 조화로운, 지혜로운, 착한, 참을성이 있는, 책임감이 강한, 체계적인, 친절한, 편견이 없는, 한결같은, 합리적인, 협조적인, 활발한, (그 외)

에필로그

저자들의 수다

봄 · 우주 · 단풍나무

✏️ **책을 출판하게 된 이유는?**

단풍나무   다들 어쩌다 책 만드는 데 뛰어들게 된 거야?

우주   단풍나무가 같이 하자는 말에 솔깃했지. 특수 선생님들에게 공감교실을 소개하고 싶은 마음이 컸어.

봄   공감교실 선생님들의 반짝이는 활동들이 사라지는 것 같아 아쉬웠어. 이 책이 새롭게 공감교실을 시작하는 사람들의 시행착오를 줄여주면 좋겠어.

단풍나무   이제 한동안 수업을 하지 못하는 상황이니까 아이들 곁에서 조금 멀어지게 되었지만 이 책을 계기로 선생님들 곁에 더 가까이 가고 싶은 마음이야.

✏️ **책을 만드는 과정의 심정은?**

우주   시간 가는 줄 모르고 웃고 떠들며 편집했던 기억이

공감교실 어떻게 가꿀까?

새록새록 해. 그리고 함께 고민을 나누고 원고 교정을 봐준 김평화, 신아영, 장봄이, 차아람 쌤에게 고마워. 봄은 어땠어?

봄　난 사실 이 책이 완성될 수 있을까 싶기도 했어. 그런데 책이 나오다니! 활동들은 먼저 시도한 선생님들 특히 소망, 달콩아빠, 단풍나무에게 고마워.

단풍나무　그러게. 좌충우돌 끝에 책이 나오게 되었네. 늘 나를 지지해주는 엄마, 러블리 오여사님에게 고마워. 정작 엄마는 이 책을 안 읽으실 것 같지만 말야.

✐ 공감교실을 시작하고 지금까지 꾸준히 해 온 이유는?

봄　난 아이들이 싸우면 참 힘들더라. 공감교실 덕분에 지금은 갈등이 기회라는 걸 알게 되었어. 두 사람은 어떤 마음으로 공감교실을 시작한 거야?

단풍나무　처음으로 내 말이 먹히지 않는 아이들을 만났을 때였지. 너무 힘들고 좌절했었는데 공감교실을 만나서 아이들의 마음을 볼 수 있게 되었고 내 마음도 따뜻하게 채워지더라.

우주　공감교실 워크숍에서 사례 발표한 사람들이 생각나. 교사라는 역할을 넘어 자기 자신으로 살아가는 모습. 나도 그렇게 살고 싶었지.

🖉 이 책을 읽게 될 분들에게

우주 독자 분들에게 한마디씩 할까?

단풍나무 이 책은 공감교실을 일구어온 많은 사람들과 함께 만든 것이라 생각해요. 공감교실을 새롭게 시도하는 선생님들께 응원을 보냅니다.

우주 교실 안에서 모든 아이들이 행복하길 바라는 선생님들의 마음이 소중합니다. 이 책이 디딤돌이 되길 소망합니다.

봄 이 책을 읽는 모든 분들에게 도움이 되길 바랍니다. 공감교실을 가꾸는 길, 여러분과 함께 하고 싶어요.

공감교실 어떻게 가꿀까?

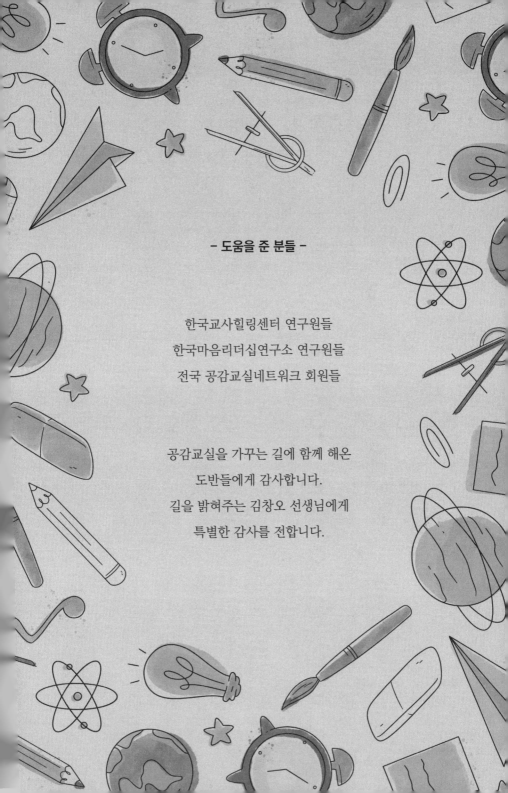

- 도움을 준 분들 -

한국교사힐링센터 연구원들
한국마음리더십연구소 연구원들
전국 공감교실네트워크 회원들

공감교실을 가꾸는 길에 함께 해온
도반들에게 감사합니다.
길을 밝혀주는 김창오 선생님에게
특별한 감사를 전합니다.

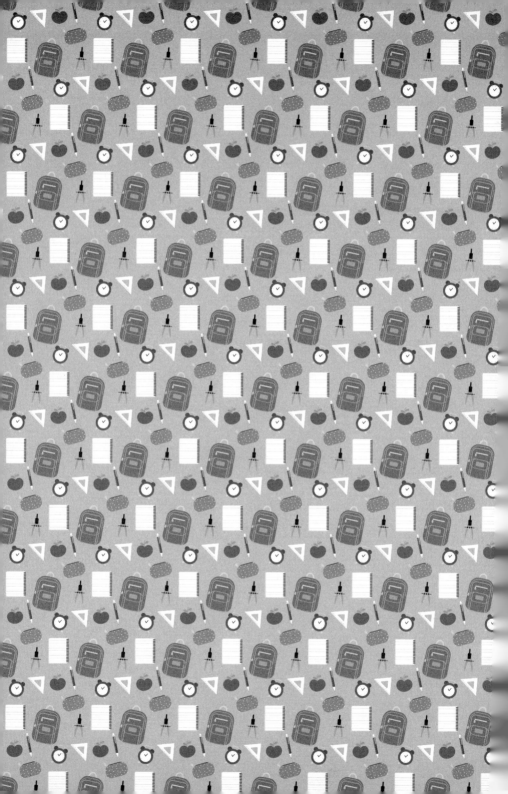